Nick Living

WECHSEL
MANN

Gedichte und Texte
rund um die Wechseljahre,
und ums Glück

Impressum

Herstellung und Verlag:
BoD - Books on Demand, Norderstedt
ISBN 978-3-7357-5809-5
Für den Inhalt des Buches zeichnet der Autor verantwortlich
© 2014

Was tut man gegen die sonderbaren Erscheinungen, die in der Mitte des Lebens auftauchen wie aus dem Nichts? Gibt es dagegen ein Rezept oder eine Formel vielleicht?
Wenn die Ärzte ratlos sind, weil man gesund und munter scheint, doch sich krank und schlecht fühlt, sind Ideen gefragt, und auch ein kühler Kopf.
Mit Medikamenten kann man zwar viel tun, aber sein Leben oft nicht verändern oder gar die Lebensqualität verbessern. Da muss noch mehr sein!
Dieses MEHR könnte möglicherweise in jedem selbst liegen.
Das Wiederentdecken der Kraft und der Stärke, die schon vergessen schien, sollte doch das Wesentlichste dabei sein. Die kleinen Mittel und Wege sind oftmals recht versteckt und gut gehütet in irgendeiner Ecke verborgen. Aber es ist doch an uns, diese gut versteckten Dinge, diese noch immer wachen Kräfte hervorzuholen und anzuwenden. Denn sie sind da und warten oftmals nur darauf, endlich genutzt zu werden. Und vielfach helfen sie uns, die nächste Hälfte des Lebens in ein neues schönes Le-

ben zu verwandeln. Und wenn dann die Hitze über uns kommt und der Schweiß nicht mehr weggehen will, wenn die Unruhe steigt und uns nicht mehr schlafen lässt, die Stimmungsschwankungen alles vernichten drohen, dann kann nur noch dieses Wunder helfen. Ein Wunder, welches gar keines ist, ein Wunder, das einen Namen hat:

Die eigene Kraft!

Aufbruch

Frage deine starke Seele
nach dem Tag
und nach der Nacht
Wärme sie und hoffe, zähle
alle Tage jener Seele
Denn du bist schon lang erwacht

Antwort gibt die kluge Seele
Weiß stets Rat,
kennt das Rezept
Hoffst, dass sie dich nicht mehr quäle
Denn es ist die starke Seele,
die in deinem Körper steckt

Dunkel

Warum ist die Welt so dunkel?
Sie ist doch dunkel, oder?
Du schweigst und weißt es nicht
Und ich schließe meine Augen
vor dem Tag
Und ich hoffe auf die Nacht,
setze auf die Nacht,
die undurchdringliche,
die schmerzliche
Nein, ich weiß nicht weiter
Und ich gehe aus dem Zimmer,
schweige
Träume auch nicht mehr
So seicht ist´s mir im Kopfe
Was ist das nur?
Ängste packen mich am Kragen!
Und ich möchte fliehen!
Aber es geht nicht!
Es geht einfach nicht!
Da kommt die Nacht und
bringt mir die Erlösung
Es ist dunkel
Alles ist dunkel
Doch schon bald
ist´s wieder Tag
Wird dieser neue Tag wohl
dunkel bleiben – oder werden?

Gedanke

Schließe dich nicht ein!
Und geh den Weg hinaus!
So sagtest du zu mir
Und ich ging
hinaus
Doch da war nur reges Treiben
Verrückte Menschen
Und immer wieder
Geld
Ich wollte das nicht
Und wollte anders leben
Vielleicht auch -
Anderswo?
Du hast mich getröstet
und sagtest nur:
Geh hinaus!
Und ich ging hinaus
Und fand mich doch nicht mehr zu-
recht
Später blieb ich drin
Und fühlte mich nicht wohl
Da wusste ich:
Ich muss hinaus!
Denn dort find ich das Leben!
Ich muss nur die Augen öffnen!
Und ich finde es:
Mein Leben!

Tage kommen, Tage gehen
Überall nur Angst und Tod
Starke Winde, Stürme wehen
Tage kommen, bleiben, gehen
Nimmermehr ein Abendrot

So viele Wünsche sind im Kopfe
Sind in mir und auch in dir
Viel zu oft ein armer Tropfe
Endlich reiß ich mich am Schopfe
Wandel mich zum wilden Tier

Renn hinaus ins pure Leben
Und verscheuch die Angst, den Tod
Dort, wo starke Lüfte wehen,
will ich kämpfen, alles geben
Bis ich seh mein

Abendrot

Schwitzendes Wartezimmer

Ist da irgendetwas anders? Ich konnte es mir einfach nicht erklären. Schweißgebadet saß ich im Wartezimmer des Arztes und war doch eigentlich nur wegen meiner Blase da – es war nämlich der Urologe. Wie erstarrt hielt ich mich mit meinen Blicken an den leicht grinsenden Gesichtern der anwesenden Mittsechziger Frauen-Generation fest und wusste nicht so recht, ob ich gehen sollte oder bleiben. Wieder wurde jemand aufgerufen. Und ich war erleichtert, denn wieder war es eine Frau weniger, die mich diebisch froh vor innerer Erleichterung musterte. Ich zählte die Anwesenden: Es waren noch genau zehn Leute, darunter zwei junge Männer, die sich wohl nicht vorstellen konnten, was da gerade in mir vorging. Ich wusste es ja selbst nicht so genau. Und ich konnte niemanden fragen, denn alles war verrückt und natürlich auch unterschwellig verboten. Schließlich konnte ich nicht über etwas sprechen, worüber seit tausenden von Jahren niemand sprechen durfte. Aber das Gefühl war dennoch da und es wurde immer stärker - von Tag zu Tag und von Stunde zu Stunde! Irgendwie war ich ja glücklich, dass ich nicht in irgendeinem Vortrag sitzen und ausharren musste. Beim Arzt hatte man wenigstens noch die Option, einen erfundenen, eventuell vergessenen Termin zu schaffen. Ich wollte jedoch bleiben und hielt die Hitzewellen aus. Dennoch wunderten sich die männlichen Patienten, dass ich einen Pullover nach dem anderen abstreifte. Und das bei dieser Kälte draußen, und der vermutlich ausgefallenen Heizung im Raum. Und wieder wurde jemand aufgerufen. Meine Unsicherheit wich einer gewissen Angst, nie mehr dieses vermaledeite Wartezimmer verlassen zu können. Meine Ängste wurden von immer neuen Patienten, die die Arztpraxis betraten, gestärkt. Nervös rutschte ich von einer Pobacke auf die andere und wusste nicht so genau, ob ich mich nicht vielleicht für zehn Minuten auf das rettende Klo flüchten sollte. Ich tat es und spürte die verachtenden Blicke der Zurückbleibenden. Vorm Spiegel wischte ich mir erst einmal die Schweißperlen von Stirn und Nase und rieb mir mit meinen nunmehr zittrigen Händen nervös die Augen. Ich schob mein Gesicht ganz dicht an die Spiegelglasscheibe und spürte, wie die heiße Luft, die mein Körper erzeugte, das Glas unheilvoll beschlagen ließ. Als die Tür zur Toilette aufgerissen wurde, wusch ich mir zum Schein die Hände und hoffte inständig, dass der eintretende junge Mann nichts von meinen albernen Aktionen am Spiegel bemerkte. Dann verzog ich mich zurück ins Wartezimmer, wo noch immer wenig Schwund zu bemerken war. Ein wenig erleichterter und für kurze Zeit nicht mehr schwitzend nahm ich auf meinem noch warmen Stuhl Platz und schlug vielsagend die Beine übereinander. Als es langsam wieder heiß wurde, und nach einer weiteren gefühlten Stunde, fasste ich den dramatischen Entschluss, die Praxis unverhohlener Dinge zu verlassen und an einem anderen Tag wiederzukommen. Doch dann ... ich konnte es nicht glauben ... es war wie ein Wunder ... die

Schweißattacken waren weg! Angenehme Kühle durchdrang meinen eben noch glühend heißen Leib und ließ mich aufatmen. Hoffentlich hielt ich durch und konnte den anwesenden Damen beweisen, dass ich ein echter Kerl war, der was vertrug und so einiges wegstecken konnte. Und für ungefähr dreißig Sekunden gelang mir das auch. Aber plötzlich wurde mein Name aufgerufen ... ich fuhr zusammen ... starrte die mich umgebenden Personen Hilfe suchend an und wollte eigentlich gar nicht weg. Doch ich musste es und erhob mich stöhnend, wie ein stark gealterter Professor, der sein umfangreiches Wissen niemandem preisgeben wollte. Die überaus nette, leider viel zu junge Schwester bat mich, vor dem Arztzimmer kurz zu warten. Sie lächelte so seltsam und mir schwante bereits, dass sie mich für ihren umständlichen Vater hielt. Ich rollte genervt mit den Augen und fühlte so etwas wie Panik. Meine schlechte Laune durfte allerdings keineswegs auf diese überfreundliche Zeitgenossin überspringen. Und so zwang ich mir ein hilfloses Lächeln ab, welches aber nicht so recht zu glücken schien. Denn die aufgeweckte junge Frau wandte sich ab und kümmerte sich um eine aufgezogene Spritze. Ich ahnte noch nicht, dass sie dieses Ding in wenigen Augenblicken in meinen Oberarm rammen würde. Als sie mich bat, den rechten Ärmel meines bunt geringelten Hemdes ein wenig nach oben zu streifen, erschrak ich total. Doch ihre warmherzigen Blicke ließen mich wieder ruhiger werden - und den Akt der Blutabnahme willenlos geschehen. Leider kam ich noch immer nicht zur Ruhe, denn in der Magengegend drückte es sehr gefährlich und eine heftige Schwindelattacke vernebelte mir die Sinne. Ich glaubte, mich in der Gondel eines sich schnell drehenden Kettenkarussells zu befinden und konnte nur mit größter Beherrschung die Frühstückssemmel zurück behalten. Die Schwester erkundigte sich besorgt, ob ich den Stich der Spritze gut überstanden hätte. Und ich riss mich wieder einmal zusammen und sagte freudestrahlend, dass ich mich bestens fühlte. Tief in mir drin jedoch hoffte ich, dass der gesamte Arztbesuch bald sein verdientes Ende finden mochte. Als sich die Tür des Arztzimmers ganz langsam und irgendwie vorsichtig öffnete, schien mein Wunsch in Erfüllung zu gehen. Der Kopf eines Mannes in den besten Jahren schob sich durch den schmalen Spalt und ich fühlte mich blendend. Vorbei die Schweißattacken, vorüber die Übelkeit und die schlechte Laune, denn erhabene Erleichterung machte sich wohltuend in mir breit. Es war der Arzt, der mich mit zaghafter Stimme in sein Zimmer bat. Und dieser Arzt gab mir wieder Selbstvertrauen. Denn er musste ungefähr so alt sein wie ich … und er schwitzte ganz vorzüglich, hatte bereits alle Fenster seines Zimmers weit aufgerissen. Und während er sich mit seinem linken Arm die Schweißperlen von der Stirn wischte, fragte er mich leicht genervt, ob mir vielleicht kalt sei und er die Fenster wieder schließen sollte. Ich lächelte ihn mitleidig an und verkündete dann wohlwollend, dass es mir bestens ging und er das Fenster getrost offen lassen könnte …

Wechsel-Mann

1

Irgendwo am heißen Strand
liegt er da und lacht und schwitzt
Hier im wunderweißen Sand,
wo alle Luft so überhitzt,
liegt er nur da und seufzt und schwitzt
Doch es ist kein Meeresstrand

Nein, es ist am Fluss, gleich hier
Und er trinkt ein kühles Bier
Dieser Mann ist Fünfzig wohl
Sieht noch gut aus – richtig toll
Doch er schwitzt und ihm ist heiß
Und ich weiß, was er nicht weiß
Die Hormönchen schießen scharf,
bleibt der Mann auch lieb und brav!

2

Braun gebrannt fühlt er sich wohl
Sonnenbrille auf der Stirn
Dieser Mann fühlt sich ganz toll
Hat wohl Frauen nur im Hirn?
Will er sie total verwirrn?
Doch er schwitzt wohl viel zu doll!

Ja, er liegt am Fluss gleich hier
Und er trinkt sein drittes Bier
Dieser Mann ist Fünfzig wohl
Sieht noch gut aus – richtig toll
Doch er schwitzt und ihm ist heiß
Und ich weiß, was er nicht weiß
Die Hormönchen wechseln wild,
ist der Mann auch stolz erfüllt!

3
Plötzlich springt er auf vor Schreck!
Ihm ist kalt und schlecht und flau!
Will nur ganz schnell wieder weg
Will wohl heim zu seiner Frau
Den Pullover im Gepäck,
tut er gar nicht mehr so schlau!

Ganz egal, ob Fluss ob Strand
Ganz egal, ob Frau ob Mann
Kommt man in die Jahre mal,
wird das Leben eine Qual
Es wird kalt und es wird heiß
Und ich weiß, was kein Mann weiß
Die Hormönchen werden schlaff
Machen Männer wild und brav

Ursachenforschung

Irgendwann fing ich an zu schwitzen und ich wusste wirklich nicht, woher das wirklich kommen mochte.
Ich lief von Arzt zu Arzt und von Ärztin zu Ärztin. Und meine Ängste, meine Aufregung und meine Aggressivität stiegen in höchste Höhen. Und irgendwann bemerkte eine dieser endsechziger Damen, dass auch Männer in ein Klimakterium kommen würden.
Nein, ich wollte schreien, wollte es nicht hören, wollte, dass das nicht real war. Doch die Realität schlug mich wie mit einer harten Lederpeitsche einer Domina und ich schwieg nur noch vor mich hin.
Sollten also diese endlosen Schwitz-Attacken, dieser Schwindel, dieses Herzstolpern, diese ewig bebende Unruhe und diese gequälte Aggression wirklich nur diesem albernen Klimakterium zuzuschreiben sein?
Also, irgendjemand hatte mir mal gesagt, dass Männer keine Wechseljahre bekommen würden, und als ich dann im Internet recherchierte, bestätigte das dessen Aussagen.

Ich fand fast nichts und es schien beinahe so, als wenn dieses Thema der reinste Vaterlandsverrat sei.
Sollten Männer tatsächlich so etwas nicht bekommen?
Und wie war das mit den Hormonen, die ja Frauen und Männer besaßen? Konnten die tatsächlich durcheinander kommen? Oder waren sie beherrschbar, vielleicht sogar durchschaubar? Unmöglich!
Meine Mutter lachte, als ich das verkündete und die Damenwelt winkte nur ab. Dennoch blieb ich dran und konnte mich letztendlich selbst nicht gegen diese Schweißperlenbildung im tiefsten Winter wehren.
Und dann sah ich sie, die Gleichaltrigen, die Männer Anfang Fünfzig, Ende Vierzig, die bei Minustemperaturen mit offener Jacke und aufgeknöpftem Hemd durch die Gegend hetzten. Niemand konnte sie aufhalten, weil sie mit ihrem hochroten Kopf aussahen wie der Teufel höchstpersönlich. Sollte ich am Ende ebenso …? Unmöglich! Das ging entschieden zu weit! Ich hatte doch so etwas nicht!

Und so wischte ich mir die Endvierziger-Schweißperlen aus dem Gesicht und atmete gleichmäßig und doch irgendwie atemlos die eisig-klare Winterluft in mich hinein. Mein Hemd war geöffnet und Bruchteile meiner Brust waren zu sehen. Aber Wechseljahre ... nein, die hatte ich wohl nicht!
Seltsam war lediglich, dass die Ärzte trotz meiner zahllosen Beschwerden in jenen Zeiten nichts, aber auch gar nichts finden konnten ... wirklich sehr sonderbar ...

Er

Er war nur auf der Suche
Nach seinem großen Glück
Und träumt´ unter der Buche
Vom Leben sich ein Stück

Der Frühling seines Lebens
War reich an Traum und Welt
Oft hoffte er vergebens
Oft fehlte auch das Geld

Da war die Mutterliebe
Die gab ihm stets so viel
Dass er daheim er bliebe
Schien beinah schon sein Ziel

In seiner alten Schule
War er nicht sehr beliebt
Er war stets auf der Suche
Nach dem, was ihm was gibt

So schwer war´s ihm gefallen
Die Schulzeit und davor
Er wollt es zeigen allen
Doch taub blieb´ Aug und Ohr

Er fand nur falsche Freunde
Die heuchelten ihm sehr
Da blieb nicht sehr viel Freude
Es wurde nur sehr schwer

Mit seiner Mama zog er
In eine andre Stadt
Zu einem neuen Vater
Der auch ein Auto hatt´

Die Stadt war etwas breiter
Als die, woher er kam
Sie war auch etwas weiter
Doch kam er dort nie an

Die Stadt und auch die Leute
Die mochten ihn wohl nicht
Für ihn warn sie ´ne Meute
Mit manchem bösen Wicht

Er hasste jene Leute!
Sein Vater hasste *ihn*!
Da gab´s wohl wenig Freude
Sein Glück schien fast dahin

Da suchte er von neuem
Nach seinem großen Glück
Doch außer dunklen Freuden
Blieb ihm davon kein Stück

Er liebte seine Mutter
Die hielt zu ihm doch stets
Die gab ihm Kraft und Futter
Und ging mit ihm des Wegs

Bis er lag krank darnieder
Sein Leben brannte aus
Da blieben kaum noch Lieder
In jenem einsam´ Haus

Doch tief in seiner Seele
Fand er die neue Kraft
Weil Gott ihm da erzählte
Wo fließt des Lebens Saft

Er hat den Saft getrunken
Und wuchs aus sich heraus
Er hat sich selbst gefunden
Und auch sein Elternhaus

Er war stets auf der Suche
Nach seinem großen Glück
Wo einstmals böse Fluche
Kam er zur Welt zurück

Mit Disziplin und Wille
Mit Mutter und mit Kraft
Schrieb er beinah wie Zille
Hatt´ er es fast geschafft

Doch ist noch alles offen
Das Glück scheint ziemlich weit
Da muss man weiter hoffen
Und kämpfen mit manch Streit

Der Sommer ist vergangen
Der Herbst zieht leise ein
So weit ist er gegangen
Wohl über Stück und Stein

Er war oft auf der Suche
Und fand sich Stück um Stück
Und sitzt unter der Buche
Sucht weiter nach dem Glück …

Ein Ende

Er ging den weiten Weg hinaus
Es war ein neblig, trüber Tag
Der Morgen sah wie jeder aus -
da ging er fort von seinem Haus
Sein Blick, so starr und ohne Frag

Ein Regenschauer zog ins Land
Hier draußen, wo sonst keiner lebt
Er hat die Fotos längst verbrannt
Nur Einsamkeit lag überm Land
Für seinen Traum war´s längst zu spät

Sein Leben ließ er weit zurück,
in diesem Haus, am stillen Wald
Er suchte nicht mehr nach dem Glück
Und ließ die Hoffnung weit zurück
Und war erst fünfzig Jahre alt

Vor vierzehn Tagen war´s genau,
als er hier seinen Sohn verlor
Und wenig später starb die Frau
Es war wohl hier … ja ja, genau …
als seine Seele starb, erfror

Bis dahin schien das Leben gut
Karriere, Geld ... ein Haus, ein Boot
Doch irgendwann verlosch die Glut
Mit der Familie liefs nicht gut
Und plötzlich waren alle tot

Er setzte sich auf einen Stein,
hier draußen, auf dem weiten Feld
Warum nur musste das so sein?
Am Schluss ... ein Kilometerstein!
Am Ende hilft nicht Gut, nicht Geld!

Noch einmal raffte er sich auf
Noch zwei, drei Schritt ... irgendwohin
Was für ein allerletzter Lauf!
Warum rafft man sich immer auf?
Und wo liegt aller Lebenssinn?

Es wurde Nacht und er blieb stehn
Ein Blitzschlag nahm ihn mit sich fort
Er konnte nicht mehr weiter gehn
Er blieb nur einfach wortlos stehn,
an diesem trüben schlimmen Ort

Geblieben ist ein Häuflein Staub,
das trieb in die Unendlichkeit
Ein Blitzschlag traf - es war nicht laut
Von manchem Leben
bleibt nur Staub
in einer schwarzen Dunkelheit

Sein Haus ist fort, es steht nicht mehr
Man riss es ab vor kurzer Zeit
Und nur die Steine wiegen schwer
Sein Haus, sein Leben
gibt's nicht mehr!
Was ist´s, dass nach uns
übrig bleibt?

Bezwungen!

Felsen schroff und übermächtig
Du willst hoch und weit hinaus
Tief in dir ist etwas trächtig
Du bist keine graue Maus

Siehst den Wipfel ganz hoch droben
Willst dorthin, so lange schon
Da im Himmel, ganz weit oben,
liegt für dich der Lebenslohn

Doch die Jahre deines Lebens
machen Angst dir, fühlst dich alt!
Ist der Kletterwunsch vergebens?
Bleibt dein Herz, die Seele kalt?

Nein, du willst ihn jetzt bezwingen,
jenen Felsen, der so spitz!
Ja, du weißt, es wird gelingen!
Du bist stark, das ist kein Witz!

Und du steigst hinauf am Berge
bis zum Gipfel, reich an Kraft!
Nach dir sind die Leut wie Zwerge!
Aber du hast es geschafft!

Stehst dort oben auf dem Dache
Spürst das Leben in dir drin
Und dein Sinn, der junge, wache,
sinnt zu neuen Ufern hin

Einer von Millionen
wirst du ganz sicher werden
All meine Träume will ich leben
Du, der von den Millionen,
weckst in mir Begehren
Und wirsts für immer sein
Bin nicht länger mehr allein

Laufsteg der Träume
Betrachtung einer Frau

Irgendwie und irgendwann wollte ich, Hannah, 56, all diesen versoffenen Wichtigtuern, diesen geldgierigen Tagedieben und jenen geilen Trotteln, denen ich bereits schon irgendwo einmal begegnet war, entfliehen. Vielleicht suchte ich ja etwas ganz Neues, etwas Einzigartiges, ich wusste es nicht und konnte es mir auch nicht so recht erklären. Darum sann ich nach verrückten Ideen und nach vollkommen unwegsamem Gebiet. Ich fand es jedoch nicht und zog gedankenlos durch die Straßen meiner spannenden und doch so wunderschönen Stadt Frankfurt am Main. Die Wolkenkratzer interessierten mich diesmal nicht, und auch keine Schuhgeschäfte – ich wollte in eine Bar, die ich kürzlich in einer düsteren Seitenstraße entdeckt hatte. Aber was sollte ich dort, einen Mann finden vielleicht? Auf jeden Fall wollte ich einfach abschalten, einen richtig starken Drink in mich hineinschütten und in Gedanken dahindriften, dorthin, wo sonst keiner war, und wohin mir auch keiner mehr folgen konnte. Es war am späten Nachmittag und die Bar hatte wirklich schon geöffnet. Damenhaft nahm ich an dem spiegelblankgeputzten kupfernen Tresen Platz. Der gut aussehende junge Barkeeper lächelte recht verwegen und schien mich irgendwie zu durchschauen. Ich konnte ihm nichts vormachen und plötzlich sah ich mich mit ihm nackt im Hotelbett erwachen. Sofort stieß ich diesen blöden Gedanken wie eine lästige Fliege beiseite und wollte jenen starken Drink, an den ich eben noch dachte. Der Junge schien meine Gedanken lesen zu können und schob mir das blinkende Cocktailglas mit der giftig-grünen Flüssigkeit herüber. Dabei ließ er meine Hand, genauer, meinen Zeigefinger für eine

Millisekunde nicht mehr los, schloss für einen kurzen Moment seine braunen Augen und ich sah mich schon wieder in den starken Armen dieses Jünglings wie eine Fee dahinschwelgen. Leise seufzend entzog ich mich seinen Blicken und seinem schwachen Griff, führte das Glas an meine pinkfarbenen Lippen und trank. Was für ein wundervolles Gesöff, dachte ich nur und fühlte mich augenblicklich wie eine Kaiserin, die nach ihrem Volke sah. Eine sonderbare Musik setzte ein und ich schaute mich neugierig um. Nicht weit entfernt von mir war ein Laufsteg aufgebaut und bunte Lichter flackerten animierend durch den düsteren Raum. Es roch nach teurem Parfum und nächtlichen, äußerst amourösen Abenteuern. Ich wollte mehr von alledem und sog die geheimnisvolle Luft tief in mich hinein. Überall glitzerte es und der hübsche Barkeeper lächelte wieder so verführerisch und sonderbar. Vorsichtig erhob ich mich und schritt zu diesem Laufsteg hinüber. Gleichzeitig setzte ein gemächlich dahinwabernder Applaus ein, der mich derart verzückte, das ich über die Lauffläche tanzte wie eine Feder. Ich drehte mich im Kreis und die Musik wurde immer schneller. Als ich an mir herunterschaute, bemerkte ich, dass ich ein glitzerndes langes Kleid trug, welches im color-farbenen Scheinwerferlicht aufblitzte wie ein Licht aus einer anderen Welt. Ich fühlte mich so wunderbar wie noch nie in meinem Leben. Und auf einmal fand ich mich in den Armen des jungen Barkeepers wieder. Er hielt mich fest und ich drehte mich mit ihm in einem Reigen aus fantastischer Musik und sagenhaften, schier unfassbaren Gefühlen, die niemand kannte, über diesen Steg der abertausend Wunder. In diesem magischen Augenblick fühlte ich mich wie eine richtige Dame, so, wie ich mich noch niemals zuvor gefühlt hatte. Es war wie ein Traum, wie ein heimlicher Gedanke, auf dessen Schwingen ich dahinglitt, wie ein Hauch von Nichts. Der Barkeeper schaute mich an und sagte dabei doch kein einziges Wort. Was für ein märchenhafter Moment, was für eine Explosion der Gefühle, ganz tief in mir drin. Mein Herz schlug Purzelbäume und war doch so unendlich ruhig, dass mir schon angst und bange wurde. Aber es war so wunderschön, und ich spürte die Blicke all der anderen, die mich sahen, die mich bewunderten, die wohl auf einem ebensolchen Laufsteg stehen und schreiten wollten, wie ich es tat. Dieser Abend, diese Nacht sollte niemals mehr vergehen, und doch hatte alles mal ein Ende. Ich wusste das nur zu gut, dachte jedoch nicht daran. In den Armen des Barkeepers fühlte ich mich sicher und so wunderschön, wie ich ganz bestimmt sonst nie sein konnte. Mir war, als würde ein ganz neues Leben da beginnen, und vielleicht begann es ja auch, wer wusste das denn schon. Ich war wieder ich selbst und aller Ärger und alle Trauer, all die tristen Einsamkeiten waren fort, ganz weit fort. Mein Kleid färbte sich mal golden, mal silbern, mal rosa und mal himmelblau – es war wie ein Wunder, aber es schien wahr zu sein. Ich fühlte mich wie ein Wesen, dass von einem anderen Stern zu kommen schien. Und alle um mich herum schienen dasselbe zu denken. Ich schwebte mit dem jungen schönen Mann dahin und wollte doch nur noch mir selbst gehören. Gab es da noch Zwänge, gab es da noch irgendetwas? Es gab nur noch mich und diese Welt der Zauberei, der einzigartigen Wunder, eine Welt mit einem Mann, der mich umschwärmte, so, wie ich es stets wollte. Bei diesem Gedanken ließ ich mich fallen und entschwand aus aller Realität, legte mich in die Flügel der Musik und in die Arme dieses Mannes, der mich hielt und mich verzauberte. Plötzlich vernahm ich Worte-ein Lied, dass in meine Seele drang. Ein Hauch doch nur, aber ein lieblicher, ein wunderschöner, ein einzigartiger Singsang, und ich sang einfach leise mit:

Einer von Millionen
wirst du ganz sicher werden
All meine Träume will ich leben
Du, der von den Millionen,
weckst in mir Begehren
Und wirsts für immer sein
Bin nicht länger mehr allein

Laufsteg meiner Träume
Ich sing es immer, immer wieder
Dass ich nie mehr was versäume
Laufsteg meiner Träume
Tief in mir die schönsten Lieder
Sie werdens immer sein
Ja, ich bin nicht länger mehr allein

Irgendwann verstummte die Musik und auch der Mann war nicht mehr da!
Ich öffnete meine Augen und saß schon wieder auf meinem Platz am Tresen. Der junge Barkeeper lächelte mich an, als wenn er mir sagen wollte, all das soeben Erlebte noch einmal erleben zu wollen. Aber da öffnete sich die Tür hinter ihm und ein anderer, ebenso gut aussehender Mann betrat die Szenerie. Und als sei ich niemals dagewesen, umarmten sich die beiden und küssten sich innig und verliebt, dass mir der Mund offen stehenblieb. Ich hatte Tränen in meinen Augen und nahm einen ordentlichen Schluck aus meinem Cocktailglas. Plötzlich wusste ich, was ich immer wollte, und es war so leicht und auch so sicher. Ich zahlte und winkte den

beiden Verliebten noch einmal zu. Die beiden Männer lächelten und ich glaubte, auch in ihren Gesichtern Tränen entdecken zu können. Einer der beiden half mir in mein Cape und bestellte mir ein Taxi. Es kam schnell, vielleicht ein wenig zu schnell und ich winkte kurz, bevor ich in den Wagen sank.

Daheim dachte ich immer wieder an diesen wundervollen märchenhaften Abend in dieser geheimnisvollen Bar. Vielleicht war das, was ich in jener Nacht erlebte, ja doch nur ein Traum? Ein Traum von einem Leben, vielleicht in einem Paralleluniversum? Wer sollte das schon wissen, und, wer wollte das auch wissen? Ich war glücklich über diese Nacht, war glücklich, diese wunderbaren Menschen an der Bar kennengelernt zu haben und wusste auch, dass die Liebe sicherlich schon bald zu mir kommen würde. Ja, ich wusste es genau, und als ich meine Augen schloss, sah ich wieder diesen Laufsteg der Träume, auf dem ich getanzt wie ein junges wunderschönes Mädchen. Und mein Kleid glitzerte im Mondenschein wie ein Fries aus Edelsteinen und Brillanten. Die Nacht war wie ein Juwel für mich, ein einzigartiger Schmuckstein, den nur ich sehen konnte. Es war ein Märchen, ein wunderschöner Traum, der in mir drin, ganz tief in meinem Herzen und wohl auch in meiner Seele, niemals mehr versiegte. Er war fest in mir drin verankert und ließ mich niemals wieder los. Die Bar hab ich nie mehr besucht, denn es war eine Schwulenbar, vielleicht nicht so ganz das richtige für mich. Aber den Barkeeper sah ich noch das ein- und das andere Mal. Er lächelte wie einst, als wir uns trafen. Und kurz darauf lernte ich meinen Mann kennen. Es war die wirklich ganz große Liebe, die mich nun endlich getroffen hatte, was für ein Zauber. Er war vielleicht nicht so wunderschön wie der Barkeeper, aber er war liebevoll und ehrlich. Bei ihm fühlte ich mich so sicher wie einst in dieser Bar, in jener Nacht der Träume. Und ein wundersames Lied, ein mir so sehr bekannter Song hallte durch die Zeit, den ich immer wieder leise sang, und den ich tanzte, wie damals auf dem Laufsteg, denn mein Leben glich diesem Laufsteg. Es war der Laufsteg der Träume, der Laufsteg meines Lebens. Vielleicht der Laufsteg meines Glücks, das niemals mehr zu Ende gehen sollte. Die Liebe war bei mir und so sollte es auch sein.

Einer von Millionen
wirst du ganz sicher werden
All meine Träume,
will sie endlich leben
Du, der von den Millionen,
weckst in mir Begehren
Und wirsts für immer sein
Bin nicht länger mehr allein

Laufsteg meiner Träume
Ich sing es immer, immer wieder
Dass ich nie mehr was versäume
Laufsteg meiner Träume
Tief in mir die schönsten Lieder
Sie werdens immer sein
Ja, ich bin nicht länger mehr allein

Irgendwann

Irgendwann wird's schneien,
wird's regnen
Ja, dann wird er schön, der Tag
Und dann wird sie mir begegnen
Und ich weiß, was ich dann hab

Doch die Tage ziehen klanglos
vor sich hin und von mir fort
Und noch immer such ich zwanglos
eine Frau an jenem Ort

Tiefer wird so manche Falte
Doch das Glück kommt nicht zu mir
Nein, ich bin nicht mehr der alte
Fühl mich nicht mehr wohle hier

Plötzlich pack ich meine Sachen
und entflieh aus jener Welt
Wills woanders besser machen
Und ich hab noch etwas Geld

Denn das Alter darf nicht siegen!
Es ist da, doch ich bin ich!
Und ich will mein Leben lieben!
Finden werd ich sicherlich!

Ratschläge für die Wechseljahre

Die offenen Fragen stellen sich immer wieder: Was tu ich, wenn es plötzlich heiß wird und nicht mehr aufhört, heiß zu sein? Da weiß niemand Antwort, und auch ich habe die Ärzte gelöchert, ohne Erfolg! Ich denke mir deswegen, dass ich die Erscheinungen meines Körpers zwar ernst nehmen sollte und vielleicht auch muss, aber auch wieder nicht.
Denn diese komischen Symptome, wie ich sie nenne, sind vorübergehend, das weiß ich von meiner Mutter. Sie wunderte sich, dass ich mich meinen plötzlich auftretenden Attacken gegenüber so hilflos verhalte und lachte und sagte, dass es vorübergeht. Man muss es wohl ertragen, und so ertrage ich´s eben. Winseln und Jammern sind erlaubt, wenngleich nicht gern gesehen, oder gehört. Aber ich rate: Luftig anziehen, auch wenn andere das nicht toll finden, hinausgehen an die Luft, auch bei Regen und Hagel, die Stimmungsschwankungen anerkennen und ruhig mal herumtoben, warum nicht. Das

reinigt die Seele und wenn keiner in der Nähe ist, schadet es auch niemandem. Und dann das tun, was man immer wollte: Ich wollte immer meine Lieblingsmusik hören, den ganzen Tag die gleichen Lieder. Es ist nicht verrückt, es ist eben so!

Außerdem das Kranksein hinten anstellen und weiter kämpfen, denn wir haben doch ein Ziel, oder?

Und als Mann darf man doch auch mal schönen Frauen nachgucken, heimlich, damit sie es nicht merken, warum eigentlich nicht? Und nicht vergessen: Immer einen Pack Wegwerftaschentücher parat haben, damit die Schweißperlen schnell beseitigt werden können. Sie sind sowieso da und kommen immer wieder, und der rote Kopf wird auch mal wieder blass. Vielleicht das Fahrrad öfter nehmen und den Rest der Strecke laufen/wandern! Den Lift weitestgehend meiden, wegen der Treppen, die wichtig sind! Nicht zu viel essen und auch nicht zu schwer. Und ja keine Diät! Die hält man nicht durch, weil die Unruhe so sehr nagt. Und ich denke, so schaffen wir das! Ganz sicher!

Ängste

Ängste nagen in der Seele
Sie sind da und gehen nicht
Trocken liegt die durstge Kehle
Und es schmerzt in deiner Seele
Es ist Nacht, ganz ohne Licht

Fühlst dich von der Welt verstoßen,
die dich einst geliebt, gebraucht
Und zu eng sind deine Hosen
Deine Frau will keine Rosen
Jede Stund scheint arg geschlaucht

Ach, das Zittern kennt kein Ende
Wabert sich durch Leib und Hirn
Und es zittern Bein und Hände
Und es beben Haus und Wände
Und du lässt dich davon störn

Dabei ist´s doch gar nicht schwierig:
In der Nacht mach deine Augen zu!
Doch am Tag bleib wissbegierig!
Sei nach Glück und Liebe gierig!
Denn dein Leib braucht keine Ruh!

Klau den Jahren dir ein Lachen!
Zieh hinaus in alle Welt!
Lass das Zittern und das Knacken!
Ja, du wirst es richtig machen!
Weil du weißt, was wirklich zählt!

Plätschert auch der Schweiß
in Bächen
von der Stirn und auch vom Kinn,
darfst du dich dafür nicht rächen!
Lass den Schweiß,
den feuchten, frechen!
Denn du lebst, nur das macht Sinn!

Ängste
(Selbstgespräche)

Die Ängste werden wieder schlimmer! Habe soeben mit einem Arzt aus der Psychiatrie Kontakt aufgenommen, um vielleicht doch wieder in die Tagesklinik zu gehen. Allein schaffe ich es einfach nicht! Ständig diese Schweißausbrüche, dieses Zittern und dieses komische Gefühl im ganzen Körper. Ich habe langsam das Gefühl, dass mich irgendetwas aufzufressen droht. Aber was ist es nur. Was ist so böse, dass es mich mit Haut und Haaren, mit allem, was ich bin, zu vernichten droht? Die Angst allein? Oder ist da doch noch so viel mehr? Irgendwann traue ich mich nicht mehr aus dem Haus, und ich habe Angst ... ja, da ist sie wieder ... und sie will nicht gehen ... ja, ich hab echt Angst, irgendwann gar nicht mehr unter die Leute zu gehen. Richtig – ich meide oft die Menschen, weil ich keine guten Erfahrungen mit ihnen gemacht hatte. Aber ist das wirklich richtig? Soll ich mir mein Mineralwasser nun auch noch im Internet bestellen? Können da die Menschen um mich herum dafür? Ganz sicher nicht! Und - wieder eine Panikattacke! Vernichtend stark und einem wuchernden Unkraut gleich! Ich hasse das so sehr! Aber ich komme nicht dagegen an. Sie scheinen stärker zu sein als ich! Viel stärker! Wie geht man nur mit so was um? Damals, als ich noch gut verdient hatte … damals … ja, das ist so viele Jahre her. Und jetzt? Jetzt hängt man an einem kleinen Einkommen und rennt seinem bisschen Geld manchmal sogar noch hinterher, weil andere festgelegt haben, dass es so zu sein hat. Nein, mit richtigem Leben hat das wenig zu tun - manchmal auch gar nichts! Sehr oft schon gar nichts! Alkohol wäre jetzt nicht schlecht! Aber den habe ich schon seit vielen Jahren nicht mehr angerührt. Alkohol und Antidepressiva vertragen sich nicht. Und dieser vermeintliche hochprozentige Muntermacher, dieser Vortäuscher, verträgt sich auch nicht mehr mit meinem Leben! Ob andere auch solche Probleme haben? In der Klinik, damals, habe ich tatsächlich Menschen kennen-

lernen können, denen es ebenso ging, naja, so ähnlich zumindest. Was die alles so durchgemacht hatten. Arbeitslosigkeit und Existenzangst! Ja! Arbeitslos war ich auch mal. Viele Jahre sogar. Keiner wollte mir helfen und wenn ich daheim nicht so unterstützt worden wäre, dann weiß ich auch nicht. Meine Mutter, ja meine geliebte Mutter, sie hat mir so viel geholfen. Sie hat so viel Kraft in mich gesteckt. Und sie hilft mir immer noch. Sie ist immer da für mich. Der einzige Mensch, der mir noch blieb. Das Alleinsein ist schön und hart. Aber ich wollte es eben so. Wollte ich das wirklich so? Ich liebe meine kleine Familie doch so sehr.
Ich erinnere mich – damals – die vielen schönen Reisen – so unbeschwert und unbekümmert ich da war. Es war alles so schön. Das Meer, die fremden großen Städte, die tollen Länder, wo ich war. Und jetzt? Eine kleine Ecke auf meinem Sofa ist geblieben. Ist DAS das restliche Leben? Ich weiß es nicht und kämpfe wieder mit meinen Ängsten, und mit den Resten meiner verbliebenen Lebensjahre. Sie sind so

stark, viel stärker als ich - diese fürchterlichen Ängste! Ein alltägliches Einerlei. Eine Einbahnstraße ins Nichts. Eine Verirrung vielleicht? Die Gedanken schlagen Purzelbäume. Sie glühen und sie verbrennen in unerklärlichen Hitzewellen, die mich zu verglühen drohen. Die Ängste werden immer stärker. Doch wenn ich mich frage, wovor ich Angst habe, dann ist da nichts. Nur die zuverlässigen Kameraden „Atemnot" und „Herzstolpern", die die Antwort jäh vermiesen. Wovor hab ich eigentlich Angst? Vor der Zukunft, der Vergangenheit vielleicht? Oder vor all den unbewältigten Sorgen? Ja, auch! Ob der Arzt mir schon geantwortet hat? Ich schaue in den Email-Account. Nein, noch immer tiefes Schweigen. Der sitzt sicherlich längst mit seiner Familie glücklich am Tisch ... Ich bin unglücklich. Und ich habe Angst. Vor meinem Leben. Vor mir selbst - vielleicht. Vor dem neuen Tag – vielleicht auch. Und vor der wiederkehrenden Angst. Sie ist allgegenwärtig. Und sie nagt an meiner Seele, meinem Selbstbewusstsein, meinem „Ich". Ich will sie nicht, denn sie ist schwarz und voller Hass auf mich. Doch sie geht nicht und beherrscht mich immerfort – beinahe an jedem Ort.

Schwärze in der kalten Nacht
Dieser Teufel bleibt nicht fort
Unbeirrt und unbewacht
Bleibt mir nur die dunkle Nacht
Und der ängstlich, triste Ort

Aller Weg scheint mir versperrt
Nirgendwo ein Ausweg liegt
Wirklichkeit total verzerrt
Ach, mein Leben scheint versperrt
Weil mich wohl das Böse liebt

Ich fühl mich kraftlos und entnervt. Alles regt mich auf und keiner ist da, der dies ändern kann. Ich steh vorm Spiegel und verspüre plötzlich Panik. Eine Panikattacke vielleicht? Nein, es ist anders. Ganz anders als sonst!
Was ist das nur? Ein Gefühl, dass warm vom Herz ins Hirn und wieder in die Füße sinkt. Was kann das sein? Und schon ist´s wieder weg. Das Spiegelbild da vor mir sieht nicht ängstlich aus. Es ist gesund und hat rosige

Wangen. Ein Irr Bild? Nein, nur ein Spiegelbild, sonst nichts! Die Zunge ist leicht belegt. Bin ich doch Krank? Ruhig scheint das Gesicht dieses Spiegelbildes – doch da! Da ist eine tiefe dumme Falte!

Das gierige Tier der tristen trüben Angst will mich für immer wohl verspeisen und nie wieder gehen lassen? Hyperventilation - plötzlich! Der Magen dreht sich um und der Darm fängt an zu frieren. Ein Gefühl wie Sterben! Ich japs nach Luft, immer wieder und wieder … nach … was eigentlich? Nach Leben vielleicht? Ich taumele!

Der Schwindel ist so stark und auch das Zittern. Es ist so hell – zu hell um mich herum! Ich will es nicht – ich hasse es und bin zu schwach, das zu vertreiben! Ach!

In durch geweinten und verfluchten Nächten, in denen ich tausend Stunden wach gelegen hab, wollt ich schon aufhören und die Hoffnung für immer da begraben. Alles schien dahin und der angstbewährte Herzschlag, der bis in den Hals vibrierte, drohte mich beinahe schon zu vernichten. Es ging nicht mehr vorbei und als ich dann schweißgebadet zitternd nach oben schaute, suchte ich vergeblich nach dem rettenden Gott und seinen liebevollen Engeln. Jedoch ganz tief im Herzen, da habe ich´s gespürt und stets gewusst in allem, was ich doch jemals gewesen, dass ich es dennoch schaffen würde - irgendwann – vielleicht. Nein, auf jeden Fall! Denn Gott war und ist stets da, und seine Engelchen, die man manchmal sehen kann, sind unter uns. Man muss sie schon suchen und man wird sie dann finden. Es ist doch so viel Liebe und auch so viel des Lebens noch in mir. Ich spüre es. Und ich weiß es ganz genau. Denn meine Mutter sagte immer, dass ich gesund und stark bin. Sie wusste es und ich weiß es jetzt auch! Ja, da ist noch Leben, und kein Weg ist ein Spaziergang und wird auch keiner sein! Es ist halt ein unablässiger Kampf, und es ist halt auch nicht einfach. Manchmal tränengepflastert und trauerbeschwert, und keinesfalls von ewigem Mut und entschlossener Kampfeslust gekürt. Aber wer hat da schon einst gesungen, dass gerade dieses eine Leben besonders leicht sein wird? Niemand! Und – weil ich das jetzt weiß, sprießt neue Kraft und neuer Lebenssaft aus Herz und Hirn und raunt in jeder Lebenslage:

„Du hast keine Angst!"

*Hoffnung fließt durch alle
meine starken Sinne!
Sag dem tristen grauen Jammertal
für immer nun Ade!
Die Angst, ja, diese schwarze böse
alte Krabbel-Spinne
Kriecht manchmal bis hin in jene
aller tiefsten Lebenssinne
Und zerschmilzt behände allen Mut
im lähmend kalten Winterschnee*

*Ich weiß es längst,
und werd es niemals mehr vergessen
Solange Leben da ist, stirbt eins nie -
die Hoffnung
und der beste Lebenstraum!
Geh nur immer weiter in die Zukunft
und harre stets versessen
Auf das Neue, Unbekannte,
das du niemals je vergessen
Weiß darum, du bist es doch,
der wird dereinst die aller größten
Schlosser baun!*

Panik im Lift

Als sich die Tür des Fahrstuhls schloss, war alles wie sonst auch. Ich wollte in die oberste, in die 26. Etage, weil ich dort ein wichtiges Gespräch mit meinem Vorgesetzten hatte. Ich wusste längst, worum es ging; ich sollte endlich befördert werden, verdiente danach rund das Doppelte von dem, was ich jetzt hatte. Und ich freute mich schon riesig, denn nun konnte ich mir den lang ersehnten Traumwagen leisten, der für sage und schreie zweihundertfünfzigtausend Scheinchen mein Eigen sein musste. Noch einmal checkte ich die Unterlagen und schaute kritisch an mir herunter. Ich fand, dass ich richtig gekleidet war und wusste, dass mir an diesem schönen optimistischen Tage alles gelingen würde. Ja, ich wusste es genau! Der Lift sauste leise seinem Ziele entgegen und ich schaute gelangweilt, wenngleich ein wenig aufgeregt auf die rot flimmernde Etagenanzeige. Plötzlich aber flackerte das Licht und der Lift ruckelte ganz merkwürdig. Noch nie hatte ich so etwas erlebt und wusste im ersten Moment gar nicht, was es sein konnte. Doch als dann das Licht gänzlich ausfiel und der Fahrstuhl mit einem heftigen Ruck stehenblieb, wusste ich, woran ich war. Nicht einmal meine Armbanduhr konnte ich erkennen, so dunkel war es um mich herum. Außerdem machte mir diese plötzliche Stille sehr zu schaffen, weil sie so unheimlich und irgendwie bedrohlich erschien. Aber ich hustete laut und dachte mir, dass es ganz sicher gleich weiter gehen würde. Doch es ging nicht weiter. Nicht ein Laut drang durch die metallenen Wände des dunklen Liftes und ich spürte, wie es mir so langsam warm wurde. Plötzlich flackerte das Licht erneut und, welche Freude, es wurde wieder hell um mich! Frohen Mutes wartete ich auf den mittlerweile vertrauten Ruck, der den engen Lift wieder in Bewegung setzte. Aber er kam nicht. Auch nach einer gefühlten halben Stunde kam er nicht. Es war still und es wurde immer wärmer. Auf einmal begannen sich die Fahrstuhlwände zu bewegen. Zunächst ganz langsam wurden sie dann immer schneller und kamen schließlich konsequent und bedrohlich auf mich zu. Aufgeregt lockerte ich meine Krawatte und öffnete den ersten Knopf meines Hemdes, dann den zweiten und dann den dritten ... Schweiß rann über meinen gesamten Leib und tropfte mir schließlich vom Kinn. Atemnot und heftiger Schwindel nahmen mir die Sinne! Was war nur los mit mir? Die abenteuerlichsten Dinge gingen mir durch den Kopf. Ich dachte an Herzinfarkt und Schlaganfall und an den Absturz des Liftes in die unbekannten Keller und Tiefen des Gebäudes. Ich sah mich sogar schon beim Teufel in der Hölle und die Stille schien mich erschlagen zu wollen. Meine Beine begannen zu zittern und ich rutschte an der Fahrstuhlwand, die mir irgendwie aufgeheizt erschien, herunter und setzte mich schließlich auf den Boden. Ängstlich starrte ich zur roten Anzeige hinauf, aber die war dunkel, zeigte gar nichts mehr an. Nicht weit vor mir lag ein Einkaufs-Bon. Ich nahm ihn und las: 1 Kilo Waschmittel, 3 Tafeln Schokolade ... meine Atmung, die eben noch hektisch war und schnell wurde langsamer und mein Herz schien sich etwas zu beruhigen. Mit geballten Fäusten trommelte ich gegen die Metallwände, die ein seltsam dumpfes Geräusch zurückwarfen. Doch es blieb still, nichts bewegte sich, gar nichts. Irgendwann entdeckte ich einen gelben Knopf mit der Aufschrift: Notsignal! Ich drückte ihn ... zehnmal, hundertmal, tausendmal, doch nichts geschah. Was konnte ich noch tun? Ich wusste es nicht, starrte auf meine zitternden Hände und wusste plötzlich, dass ich an Platzangst litt. Noch nie zuvor hatte ich so etwas je gespürt. Woher kam das nur? Hatte mich diese komische Situation in diese Ängste versetzt? Aber warum? Nie hatte ich Derartiges an mir festgestellt. Sonderbare Erlebnisse aus meinem Leben flogen mir durch den Kopf. Sogar Ereignisse aus der Kinderzeit stellten sich da ein. Ich musste grinsen, als ich mich auf meinem feuerroten Roller durch die engen Straßen meiner Heimatstadt fahren sah. Ach, wie glücklich ich damals noch war. Ich war so frei, so unendlich frei. Diese Unbeschwertheit schien mir über die Jahre irgendwie abhandengekommen zu sein. Ich hatte es wohl nicht bemerkt, aber mehr und mehr kam der verhängnisvolle Drang in mir hoch, jemand sein zu wollen und recht viel Geld zu machen. Nur ... wieso? Wofür tat ich das eigentlich? Für mich? Für die Familie? Hatten wir nicht längst genug? Ich dachte an die ewige Tretmühle, dieses Gefühl, stets mit dem Strom mit zu schwimmen und ja nicht unterzugehen dabei. Denn, wenn man einmal abtauchte, dann war doch alles vorbei ... oder? Plötzlich wusste ich, dass es gar nicht diese vermeintliche Platzangst war, die mir diese Schweißperlen aufs Gesicht zauberte, die mir Arme und Beine erzittern ließ, die mir solch ein verklärtes unbequemes Unwirklichkeitsgefühl bescherte, die mir Angst machte. Nein, es war diese Hatz nach etwas, das es gar nicht gab. Es war dieses unlebendige Leben, welches ich seit Jahren führte, von dem ich glaubte, es sei das wahre Leben. Jene Fragen, die ich nie beantworten konnte: Warum tu ich das? Wohin führt all das? Muss ich nicht noch viel mehr geben, wofür? All diese Fragen hatten auf einmal ihre Antwort erhalten. Sonderbar, aber mir wurde plötzlich klar, dass ich ein falsches Leben führte, ein Leben, das so auf keinen Fall weiter gehen durfte. Irgendwann wäre diese Angst ohnehin gekommen. Irgendwann wäre ich umgefallen und hätte es wohl nicht mehr geschafft und dann wäre es vielleicht wesentlich schlimmer geworden als diesmal. Mein Zittern verschwand und auch die Schweißperlen auf der Stirn wurden weniger. Mir war egal, wie ich aussah, ob der Anzug nun leicht verschmutzt an mir klebte oder eben nicht. Ich hatte auf einmal keine Panik mehr. Alles war klar, sonnenklar sogar. Und ich wusste, wohin ich mein Leben ab jetzt, ab diesem einen Punkt in meinem Leben steuern musste. Ich wusste, dass ich endlich leben sollte und nicht stur und stupide ackern dufte bis ich umfiel und dann auch kein Hahn mehr nach mir krähte. Ich stand auf und lehnte mich grinsend an die metallene Fahrstuhlwand. Na sicher, jetzt war alles klar. Wohl hatte ich schon immer dieses Gefühl, diesen albernen Weg, diesen Zwang nicht länger mitzumachen, Aber ich wollte es nicht wahrhaben. In diesen Minuten der Angst, in diesem kleinen engen Raum, dieser winzigen Fahrstuhlkabine kam plötzlich alles aus mir heraus und dicke Tränen rannen mir übers Gesicht. Es waren Tränen, die ich seit vielen Jahren erfolgreich weggesteckt hatte, die ich mir wegbefohlen hatte. Sie durften nicht sein, nicht in einer Welt voller Kälte und Ignoranz. Und ich hätte mein Leben schon damals ändern können, wollte es nur nicht. Jetzt wollte ich und fühlte mich so unendlich frei, so frei, wie ich niemals war.

Ich holte meinen MP3 Player aus der Aktentasche, den ich für eventuelle Pausen stets bei mir trug, und doch nie benutzte, und hörte meine Lieblingsmusik. Immer wieder hörte ich die gleichen Songs und sang sie einfach mit, und es war ganz wunderbar. Ich lachte und fühlte mich ... ja ... glücklich!

Wie konnte man nur in einem viel zu engen Lift zwischen zwei Etagen so unendlich glücklich sein? Manchmal war es eben nicht die großzügige Beförderung und auch nicht der teure Luxuswagen und auch nicht die Villa am Stadtrand, manchmal war es der profane winzige düstere Platz in einem steckengebliebenen Lift, der die vermeintliche Erkenntnis brachte. Ich konnte es fast nicht glauben, aber es war alles real.

Plötzlich gab es einen Ruck und der Lift bewegte sich. Eine Stimme meldete sich: „Warten Sie, gleich holen wir Sie heraus. Wollen Sie hoch oder runter?" Ich zögerte, meinte die Stimme wirklich mich? Und auf einmal wusste ich, was ich wollte. Noch einmal sah ich mich dort oben in der 26. Etage bei meinem Chef, der mich heute ganz sicher befördern würde und sah mich mit noch mehr Geld und noch mehr Arbeit meinen Super-Job brav ausführen. Und dann sagte ich laut und mit einem zufriedenen Lächeln in meinem nicht mehr ganz so jungen, aber sehr entschlossenen Gesicht:

Ich will nach unten!

Der Traum vom Glück

Mit den Jahren lebt es sich schlecht in einer Mülltonne. Es ist zu eng und es riecht auch nicht sehr gut. Deswegen zog Keith um, und zwar in eine Wellblechhütte am Stadtrand, unten am Fluss. Zwar war´s dort sehr kalt und auch nicht gerade gemütlich, doch er war dort für sich allein und genoss die Natur um sich herum. Keiner war da, der ihn störte und so verging ein Tag nach dem anderen. Tagsüber verdiente er sich mit Betteln ein paar Dollar und abends zog er sich in die kleine Hütte unter einer alten Trauerweide zurück. Dort träumte er von einem Leben in einem wunderschönen Haus an einem See. Er sah sich, wie er mit einer langen schwarzen Limousine die lange Kieselsteinauffahrt bis vor die marmorne Eingangstreppe seiner Villa gefahren wurde und in einem weißen Anzug in die Eingangshalle schritt. Ach, was war das nur für ein wundervoller Traum. Doch er wusste, dass er diesen Traum nur träumen konnte. Um ihn aber jemals zu erleben, fehlte ihm das nötige Geld. Und so gab er sich zufrieden mit seinem Leben wie es war. Was sollte er auch mit all diesem Luxus anfangen, wenn er dafür seinen Fluss und den morgendlichen Duft nach frischen Blumen und Gräsern hingeben sollte? Das Rauschen des dahinströmenden Flusses und die Abgeschiedenheit unter dieser Trauerweide liebte er wohl doch mehr als diese Villa, irgendwo in Beverly- Hills. Auch fand er es viel schöner, nur von solch einer fremden Welt zu träumen, als diese dann auch wirklich zu besitzen. War das nicht viel zu viel, was ein Mensch besitzen durfte? Gehörten einem Menschen nicht nur dieses eine bescheidene Leben und die Seele, die ihn weinen und auch manchmal lachen ließ? Gehörte einem nicht nur das eigene Herz, dass stetig in der Brust schlug? Und gehörte einem nicht nur die Gesundheit, die man hatte oder auch nicht? Er spürte, wie der kühle Wind mit seinen zerzausten Haaren spielte. Und er fühlte sich in diesem Augenblick so unendlich frei. Diese Freiheit wollte er mit nichts auf dieser Welt tauschen. Dennoch könnte er schon ein ganz klein wenig mehr Geld gebrauchen. Aber wer würde schon einen Bettler einstellen? Wer würde sich mit einem, wie er es war, abgeben? Nein, er wollte all das niemals mehr hergeben. Die Sonne schien doch auch für ihn. Und deswegen war es überall gleich hell, so dachte er sich. Er brauchte halt nicht mehr. War das schon Glück? Eines Abends saß er noch lange am Fluss und zählte die Sterne, die hoch oben am Firmament beinahe unmerklich ihre Bahnen zogen. Dazwischen schickte der Mond ein Lächeln zu ihm hinab und er dachte in diesem Moment an gar nichts. Er lauschte nur dieser einzigartigen Stille und spielte mit den Fingern im Wasser des Flusses. Da spürte er, wie ihn etwas am Zeigefinger krabbelte. Er zog den Finger aus dem Wasser und betrachtete ihn. Doch es war nichts daran zu sehen, was hätte krabbeln können. Dafür streckte ein kleines Fischlein sein Köpfchen aus dem Wasser und schaute neugierig zu ihm herüber. Keith wunderte sich über den eigenartigen Fisch, denn er hatte noch nie einen Fisch gesehen, der ihn so interessiert anschaute. Plötzlich begann der Fisch leise zu ihm zu sprechen: „Woran denkst Du in dieser sternenklaren Nacht? Hast Du vielleicht Sorgen?". Keith staunte, dass dieser merkwürdige Fisch sogar sprechen konnte. Sollte er ihm antworten oder bildete er sich diesen Fisch einfach nur ein? „Was soll´s!", dachte er sich dann, „Ist doch schön, wenn er nun sogar einen Gesprächspartner hätte.". Und er antwortete dem Fisch: „Nein, ich habe keine Sorgen. Ich habe Ruhe, meine Hütte, Wasser, frische Luft und ein wenig zu essen und zu trinken. Was will ich mehr. Ich glaube, ich bin glücklich!". Das Fischlein wiegte sein kleines Köpfchen im Wasser hin und her, so dass es spritzte und schien sich zu freuen. Dann sprach es: „Das ist schön, dass Du glücklich bist. Aber ich spüre, dass Du doch gern ein anderes Leben hättest. Eines mit einer großen Villa in Beverly- Hills und einer großen langen Limousine und so richtig viel Geld auf dem Konto. Ich kann Dir all das geben, wenn Du es haben willst. Du brauchst nur „Ja" zu sagen, dann bist Du morgen ein reicher Mann. Aber überlege es Dir gut, denn wenn es Deine Herzensentscheidung ist, gibt es kein Zurück mehr aus dieser Welt, die Du dann bewohnst. Morgen Abend komme ich wieder hierher und dann sage mir, wofür du Dich entschieden hast.".

Mit diesen letzten Worten sprang das Fischlein noch einmal hoch und plumpste dann zurück ins Wasser, in dessen Untiefen es schließlich verschwand. Keith glaubte, sich verhört zu haben. Dieses kleine Fischlein kannte seine geheimsten Träume, wusste von seinen Gedanken. Das kam ihm schon sehr komisch vor. Doch er wusste, dass er all das wirklich immer gewollt hatte ... diese Villa ... diese Limousine ... das viele Geld. Aber dass das Fischlein keine Gegenleistung dafür von ihm wollte, fand er schon sehr merkwürdig. Trotzdem entschied er sich, am nächsten Abend auf jeden Fall „JA" zu dem Fischchen zu sagen. Dann wäre er alle Sorgen los. Und er könnte dann endlich so leben, wie er es immer wollte. Ach, davon hatte er in all den kalten Nächten in seiner winzigen Blechhütte stets geträumt. So sollte es also nun werden. Am folgenden Abend erschien das Fischlein erneut vor ihm im Fluss und Keith sollte ihm nun seine Entscheidung mitteilen. Keith musste wirklich nicht lange überlegen, er sagte einfach und laut hörbar: „Ja". Und als ob seine Worte Zauberkräfte besäßen, lag er plötzlich in einem breiten weichen Seidenbett. Und wohin er auch blickte, entdeckte er die kostbarsten Dinge, wertvolle Stilmöbel und riesige Fensterscheiben vor denen die kostbarsten Gardinen hingen. Und vor ihm auf einem weißen Marmortisch lag ein geöffneter Lederkoffer, der über und über mit Dollarnoten gespickt war. Was für ein unfassbarer Anblick. Er stand auf und schritt durch den Raum. Kein Zweifel, dass musste die Erfüllung seines Wunsches, all seiner Träume sein. Das Fischlein hatte nicht gelogen. Er war ein reicher Mann und besaß dieses wundervolle riesige Haus, und das unglaublich viele Geld auf dem Tischchen dort. Ja, so sollte es immer sein. Jetzt konnte er sich alles kaufen und tun und lassen, was er auch immer wollte. Jetzt schien er endlich ein gemachter Mann zu sein! Als er die breite Marmortreppe vor seiner Villa in den riesigen, mit unzähligen der allerschönsten Blumen bestückten Garten hinab schritt, fühlte er sich fast schon wie ein König. Was für ein märchenhafter Traum, was für eine Sinfonie der Sinne. Er konnte sich nicht satt sehen an all diesem Luxus. Ja, jetzt fühlte er sich glücklich … nun war er wirklich glücklich! An der Straße vor der Kieselsteinauffahrt zu seiner Villa las er ein grünes Schild … Beverly- Hills war dort zu lesen. Nun war er auch am Ort seiner Träume angekommen. Dennoch verstand er nicht, dass dieses kleine Fischlein so mächtig sein konnte, ihm all diese Wunder zu ermöglichen. Und was nur mochte es wohl als Gegenleistung von ihm wollen? Jeden Tag lebte Keith fortan in Wohlstand und in Reichtum und dachte, dass dieses luxuriöse Leben nun ewig so weiter gehen würde, wo man Träume sofort erfüllen konnte und deswegen auch keine mehr haben musste. An einem regnerischen Novembertag allerdings schien sich alles wenden. Schon am

Morgen, als er erwachte, fühlte er sich schlecht und irgendwie unausgeschlafen. Längst schon hatte er keine Träume mehr und auch im Spiegel schien irgendetwas zu fehlen Es war sein Lachen, welches ihn jeden Morgen den jungen Tag beginnen ließ und ihm den nötigen Schwung und die Lust auf das Leben gab.
Wo war es nur hin, dieses Lachen, welches einst zu ihm gehörte, wie sein Name und seine Seele? Es schien, als sei all das vor ihm und vor all diesem Reichtum um ihn herum geflohen. Auch zwickte es hier und schmerzte es dort. Er hatte Kopfschmerzen und konnte sich kaum noch fortbewegen. Und plötzlich spürte er es ... es war nicht mehr glücklich! Selbstgerecht und mürrisch schlich er durch seine Millionenvilla und stieg in seine lange schwarze Luxuslimousine. Doch wohin sollte er fahren? In irgend so ein teures Restaurant, wo man nicht einmal richtig satt würde oder zu den anderen vermeintlichen Freunden, die ihm Ihre verlogenen Huldigungen schon ausgesprochen hatten? Wollte er wirklich dorthin? Nein, ihn trieb es ganz wo-

anders hin ... und er erinnerte sich an die Zeit in seiner alten Wellblechhütte dort unten am Fluss, bei der alten Trauerweide. Ach, dort wollte er wieder sein. Und er ließ die Limousine stehen, holte seinen alten Rucksack und packte die nötigsten Sachen dort hinein. Dann nahm er sich ein Bündel des Geldes aus dem teuren Lederkoffer und machte sich auf den Weg. Er drehte sich nicht einmal mehr um, als er die Marmortreppe der Villa hinab lief. Der Regen fiel ihm ins Gesicht und durchnässte ihn bis auf die Haut.
Doch was machte das schon aus, wenn er nur wieder er selbst sein durfte und seinen geliebten Fluss sehen konnte. Es dauerte sehr lange, bis er endlich die Stelle wiederfand, wo er einst gelebt hatte ... die vergessene Stelle am dahinplätschernden Fluss, dort unter der alten Trauerweide. Sogar die verfallene, schiefe Wellblechhütte stand noch da. Und er atmete diesen würzig frischen Duft nach Leben tief in sich ein. Doch was war das ... irgendetwas pochte da munter vor sich hin ... es war das, was er seit Monaten nicht gespürt hatte ... es war

sein Herz. Er konnte es wieder fühlen- es schlug voller Freude und voller Lust vor sich hin. Das Rauschen des Flusses beflügelte seinen Geist und er setzte sich ins feuchte Gras am Ufer. Schließlich wurde es Abend und er schaute in die Sterne, die wie früher gemächlich ihre Bahnen dort oben am Firmament zogen. Ja, jetzt wusste er es, was er eigentlich wollte. Er brauchte nicht diese teure Villa, diese lange Luxuslimousine und auch nicht das viele Geld. Nein, was er brauchte, war gar nicht viel … nur ein bisschen Luft zum Atmen, ein bisschen Wasser zum Waschen und zum Trinken und ein bisschen Einsamkeit zum Leben und zum Träumen. Ja, das allein war es, was er wollte. Und nun begriff er, was es hieß, wirklich glücklich zu sein. Glück ist Leben- nicht mehr, aber auch nicht weniger! Ein merkwürdiges Plätschern genau vor ihm holte ihn aus seinen Gedanken zurück. Da sah er das kleine Fischlein, welches neugierig sein kleines Köpfchen aus dem Wasser hielt und ihn interessiert beobachtete. Und es sprach leise zu ihm: „Und … wie ist es Dir ergangen? Hast Du Dein

Glück gefunden? Die Villa, die Luxuslimousine, das viele Geld …? Ist nun alles so, wie Du es wolltest? Oder möchtest Du doch wieder zurück in diese Einsamkeit und dieses einfach Leben, wie Du es schon kanntest?". Keith schaute hinunter zu dem kleinen Fischchen und lächelte zufrieden. Dann sagte er: „Weißt Du, ich habe gemerkt, dass ich all diesen Reichtum gar nicht brauche. Denn ich hatte etwas verloren, was ich hier draußen immer hatte, das nichts kostete und das mich dennoch zufrieden sein ließ … das wahre Glück! Ich möchte nichts anderes. Ich will nun wieder hier sein. Es sei denn, dass es noch möglich ist. Denn Du sagtest doch, dass ich mich nur einmal entscheiden darf.". Das Fischlein nickte mit seinem winzigen Köpfchen und sagte schließlich: „das mag wohl so gewesen sein. Aber Du hast Dich auch nur einmal entschieden – und zwar jetzt, in dieser Minute. Dies war die wirkliche Entscheidung Deines Lebens, die Du getroffen hast. Sie kam von Deinem Herzen und aus Deiner Seele und so soll es sein. Du hast Dein Glück soeben gefunden. Hier am Fluss in Deiner Hütte unter der alten Trauerweide. Es ist schön, dass Du auf Dein Herz gehört hast und nicht auf das, was Du anderen zeigen wolltest. Bewahre es Dir und denke immer daran – das Glück ist nicht, immer noch reicher zu werden. Das Glück ist das Leben, die Natur und die Freude, die man bei deren Anblick genießt, genießen darf. Nutze das, so lange Du es kannst. Doch nun muss ich weiter schwimmen. Ich wünsche Dir alles Gute.". Mit einem großen Sprung an Keiths Nase vorbei tauchte das Fischlein in seine Welt hinab und ward nicht wieder gesehen. Keith jedoch atmete tief durch und war froh, dass er eine richtige Entscheidung getroffen hatte. Beinahe hätte er sein Glück gegen den Reichtum und das Geld eingetauscht. Und er ahnte, dass das die Gegenleistung für das Fischchen war. Nein, das wollte er nicht. Er hatte ja nun auch ein wenig Geld, welches er sich aus dem Lederkoffer genommen hatte- damit würde er schon über die Runden kommen. Und er hatte noch etwas viel Wertvolles aus dieser Episode mitgenommen … niemals das wirkliche Glück gegen Geld und Reichtum auszutauschen. Man vergisst sonst zu leben. Denn das ist es was zählt, das Leben! Das ist der wahre Traum vom Glück!

Der Engel des Glücks

B enny war blind und wusste nicht, wie die Welt um ihn herum wirklich aussah. Er war erst zehn Jahre alt, aber seine Eltern liebten ihn so sehr, dass sie ihm alles ermöglichten, was er wollte. So besaß er alles, was Kinder in seinem Alter gern mochten. Und eigentlich hätte er sehr glücklich sein müssen, doch er war es nicht. Er wollte doch so gern sehen können. Das jedoch war der einzige Wunsch, den ihm seine Eltern nicht erfüllen konnten. So saß Benny oft allein zu Hause und weinte bitterlich. Die Eltern wussten nicht, was sie noch tun sollten und beteten jeden Abend. All der Reichtum und aller Luxus konnten Benny nicht das geben, was er wirklich wollte, das Augenlicht. Eines Tages klingelte es an der Tür und Bill, ein fremder Junge, der vorgab, in der Nachbarschaft eingezogen zu sein, meldete sich. Er sagte, dass er einen Spielkameraden suchte und gern mit Benny herum tollen würde. Und weil die Eltern nichts dagegen hatten, freuten sie sich über diesen neuen

Kontakt. Beinahe täglich kam Bill zu Benny und die beiden wurden wirklich die besten Freunde. Bill störte es nicht, dass Benny nicht sehen konnte. Zusammen unternahmen sie so viel, dass die Eltern schon glaubten, dass Benny seine Krise endgültig überwunden hatte. Doch sie irrten sich. Denn irgendwann vertraute sich Benny Bill an. Er sagte zu ihm, dass er nicht mehr richtig glücklich sei und ihm das Lachen schon sehr schwer fiel. Bill machte sich große Gedanken um seinen neuen Freund. Und eines Abends, als er bei Benny schlafen durfte, hörte er die Gebete der Eltern. Da schaute er Benny mit großen Augen an und wusste wohl nicht, wie er ihm helfen konnte. In der nachfolgenden Nacht geschah etwas sehr seltsames. Benny schlief schon tief und fest, da ging es Bill plötzlich nicht besonders gut. Er hatte starke Bauchschmerzen und musste auf die Toilette, um sich zu übergeben. Benny wurde wach und wunderte sich sehr über das Treiben, welches um ihn herum stattfand. Doch was war das, er sah seinen besten Freund Bill, wie der sich durch die

Zimmer schleppte. Es schien ihm gar nicht gut zu gehen und Benny bekam große Angst um Bill. Ohne lange nachzudenken, lief er ins Schlafzimmer seiner Eltern. Doch die waren nicht da. Ihm fiel ein, dass sie ins Theater gehen wollten und offenbar noch nicht zurückgekehrt waren. Jetzt war guter Rat teuer. Er wollte Bill etwas fragen, doch als der aus der Toilette zurück kehrte und sich gerade ins Bett zurück legen wollte, fiel er schließlich ohnmächtig auf den Fußboden. Benny bekam einen gehörigen Schreck. Doch schnell fasste er sich wieder, ging zielsicher zum Telefon und rief den Notarzt. Der kam sofort, doch Bill ging es schon wieder etwas besser. Er musste nicht in die Klinik mitgenommen werden. Im gleichen Augenblick erschienen auch Bennys Eltern. Sie erschraken sich sehr, als sie den Notarztwagen in der Auffahrt ihres Hauses erblickten. Sofort stürmten sie ins Haus und erkundigten sich nach dem Befinden der beiden Jungen. Doch der Notarzt gab Entwarnung und beruhigte die Eltern. Er meinte, dass Bill vermutlich eine Kreislaufschwäche erlitten hatte. Doch es ging ihm schon wieder wesentlich besser und Bennys Eltern waren erleichtert. Auch freuten sie sich, dass ihr Sohn so schnell und gut reagiert hatte. Da wussten sie, dass Benny eigentlich gar nicht so schwermütig sein konnte. Er fand sich bestens zurecht und hatte das Herz auf dem rechten Fleck. Am nächsten Morgen erwachte Benny erst sehr spät. Nach den nächtlichen Erlebnissen musste er erst einmal ausschlafen. Die Sonne blinzelte durch das geöffnete Fenster und der Wind bewegte leicht die Gardine davor. Benny wollte aufstehen, da stand Bill plötzlich vor seinem Bett. Aber was war das … er schien über dem Boden zu schweben … außerdem sah er irgendwie anders aus. Und plötzlich sprach Bill: „Guten Morgen lieber Benny. Wundere Dich nicht, aber ich bin nicht der, den Du kanntest. Ich bin ein Engel. Ich bin zu Dir gekommen, weil ich wissen wollte, ob Du wirklich so traurig und unglücklich bist, wie Du immer sagst. Aber das bist Du nicht. Du bist voller Kraft und Energie und weißt Dir sogar zu helfen. Ich muss nun wieder gehen und wün-

sche Dir viel Glück für Dein Leben. Und ... fürchte Dich nicht. Alles wird immer gut, wenn Du es willst. Denn Du bist stark.". Benny traute seinen Augen und Ohren kaum.
Er sah Bill ganz genau. Und als dieser sich plötzlich in die Lüfte erhob und durchs geöffnete Fenster nach draußen flog, wusste er gar nicht, was er sagen sollte. Und obwohl er nicht glauben konnte, was er da sah, spürte er diese unglaubliche Kraft in sich. Immerhin hatte er alles gesehen, was da geschehen war und er wollte es seinen Eltern sagen. Doch als er in die Küche gehen wollte, bemerkte er wieder, dass er doch noch blind war. Wie aber war es möglich, dass er Bill sehen konnte? Und warum kannte er sich in der letzten Nacht so gut in der Wohnung aus? Plötzlich fiel es ihm ein ... er hatte nicht mit seinen Augen sehen können, sondern mit seinem Herzen. Damit konnte er deutlich sehen, was geschehen war. Und es war ganz seltsam- in seinem Herzen fühlte er etwas, was ihm in den letzten Wochen abhandengekommen schien- Glück. Lachend setzte er sich an den

Frühstückstisch und wunderte sich, dass sich seine Eltern nicht an den nächtlichen Vorfall mit Bill erinnern konnten. Und es wurde noch mysteriöser ... nicht einmal an Bill konnten sie sich mehr erinnern. Wie konnte das nur sein, was ging hier nur vor? Da spürte er einen merkwürdigen, lauen Windhauch, der ihm um die Nase fächelte. Es war beinahe so, als sei Bill wieder zurückgekommen. Und schemenhaft glaubte er am Fenster Bills Umrisse zu erkennen. Der winkte ihm lächelnd zu und flog mit seinen weißen Schwingen davon. Benny liefen die Tränen übers Gesicht. Dennoch war er glücklich. Und es war ganz seltsam – obwohl er ja blind war, hatte er den Engel genau gesehen ...

Suche

Suche nach dem großen Glück!
Wo mag das nur stecken?
Suche immer Stück um Stück
nach dem übergroßen Glück!
Muss ich es erst wecken?

Suche nach dem besten Tag,
nach dem schönsten Leben,
nach den Jahren ohne Klag
Für das Glück, das kommen mag,
würd ich alles geben

Und der Schweiß rinnt übern Leib,
weil ich so oft suche
Doch es geht nur meine Zeit
Und das Glück bleibt meilenweit,
und im Märchenbuche

Ach, ich altere dahin,
ohne Glück und Frieden
Ohne Frohmut, ohne Sinn
alter ich so vor mich hin
Fern sind alle Lieben

Bis ich einsam und allein
lieg im dunklen Zimmer
Und mein Kopf ist wie ein Stein
Leer die Flaschen Sommerwein
Überall nur Trümmer

Plötzlich wird's mir sonnenklar:
Glück darf man nicht suchen!
Es war gut, so wie es war
Und das Glück ist auch kein Star
Niemand kann es buchen

Nur wenn ich mich selbst erkannt
kann ich glücklich leben
Hab doch mich und auch Verstand
Und ich lieb mein Heimatland
Lasst mich dafür beten

Der Clown

Kurt musste zum Arbeitsamt. Er musste seine Stütze neu berechnen lassen, denn er bekam einfach keinen Job. Dabei meinte die nette Dame vom Amt, dass es doch genügend Arbeit gäbe. Aber er mit seinen Mitte Fünfzig … und ungelernt …? Er fühlte sich schuldig und so seltsam schwach, wenn er dort erscheinen musste. Auch diesmal schlich er sich wieder unsicher durch die hohe Eingangstür bis hinauf in die dritte Etage. Im Warteraum saßen dutzende Leute, die wohl ein ähnliches Anliegen hatten wie er. Es herrschte betretenes Schweigen in diesem sterilen Wartesaal und Kurt zog sich eine Nummer aus dem abgegriffenen Automaten … die 123. Bis zu dieser Nummer hatte er noch genügend Zeit, sich über den restlichen Tag Gedanken zu machen. Allerdings gab es da nicht sonderlich viel zu planen … Mittagessen … Kaffeetrinken. Alle zehn Minuten wurde das Schweigen von einem lauten Pfeifton unterbrochen. Stöhnend erhob sich dann je-

mand von seinem Stuhl und verschwand lustlos in einem der vielen Beratungszimmer. Als Kurt endlich von seiner Nummer geweckt wurde, schlich er ängstlich und mit eingezogenem Kopf in das Büro der Beraterin. Die saß entschlossen auf ihrem Drehstuhl und betrachtete Kurt kritisch durch ihre riesige schwarze Hornbrille. „Na, noch nichts gefunden...!", fauchte sie ihn vorwurfsvoll an.
Kurt schüttelte mit dem Kopf und rang sich ein verirrtes Lächeln ab. „Dann müssen Sie eben mal n bisschen Zunder geben ...!", meinte die Beraterin und schaute unentwegt in Kurts dicke Akte. Gerade wollte sie ihm einen Halbtagsjob in einer öffentlichen Toilette unterbreiten, da wurde die Tür aufgerissen. Die Beraterin holte zum Angriff aus und wollte sich echauffieren, da stutzte sie. Denn in der Tür stand ein bunter lustiger Clown mit einer feuerroten Pappnase! Sie konnte es nicht fassen ... wie kam ausgerechnet ein Clown in diese so ernstzunehmende Behörde? Sie wollte den Clown wieder hinauswerfen, da begann dieser zu singen und tanzte da-

bei wie aufgezogen im Zimmer herum. Er trällerte ein Lied nach dem anderen und rief in einem fort: „Akrobat – schööön!" Gerade wollte die Beraterin etwas sagen, da erklärte ihr der Clown mit wenigen Worten, dass er auf der Suche nach Arbeitskräften sei. Ein neuer Zirkus sollte aufgebaut werden und dazu brauchte er dringend Leute. Die Beraterin wurde plötzlich ganz freundlich zu ihm und bat ihn, Platz zu nehmen. Doch der Clown setzte sich nicht. Er rief nur: „Akrobat - schööön!" und sang weiter. Schließlich fragte er, ob sie ihm sofort die nötigen Leute mitgeben könnte. Ein wenig überfahren schaute sie zu Kurt und nickte dann zustimmend mit ihrem Kopf. Auch Kurt war einverstanden ... warum sollte er eigentlich nicht als Clown arbeiten. Schließlich war er flexibel und konnte sich alles vorstellen. Nur zu Hause wollte er nicht länger herum hängen. Er wollte gebraucht werden, wieder spüren, dass es ihn gab. Und auf einmal wuchs er aus sich heraus. Erhobenen Hauptes stand er auf von seinem kalten Stuhl und atmete tief ein. Dann schaute er auf die Beraterin herunter und sagte: „Ja, ich mach's!". Der Clown, der das hörte, stand wieder in der Tür und rief in die schweigende Menschenmenge hinaus: „Und wie ist's mit Euch, Leute! Habt Ihr auch Lust, einen Zirkus mit aufzubauen? Ich nehme Euch alle! Wartet nicht so lange ... fangt einfach an!". Zweifelnd schauten sich die Menschen in ihre traurigen Gesichter, und es schien beinahe so, als seien sie schon so niedergeschlagen, dass sie keinen eigenen Willen mehr hatten. Doch dann rief einer: „Ja klar mach ich das! Ich werde ein Clown!". Und als wären diese wenigen Worte ansteckend genug, begannen plötzlich alle laut zu rufen: „Wir machen das! Wir werden Clowns!". Die Beraterin, die all das mit offenem Munde miterlebte, verstand die Welt nicht mehr. Ausgerechnet ihr musste so etwas passieren. Bis eben glaubte sie noch, dass die Leute, die täglich zu ihr kamen, mehr oder weniger Lust zur Arbeit hatten. Doch auch sie spürte irgendwie, dass sie die alltägliche Arbeit abgestumpft hatte. Sollte sie tatsächlich bis zu ihrem Lebensende diese endlosen Tragödien ertragen? War da nicht noch mehr? Hatte nicht auch sie noch Gefühle und … Träume? Sie fühlte irgendetwas in ihrem Herzen, doch sie wusste nicht, was es war. Eine seltsame, schon lange nicht mehr gekannte Wärme stieg in ihr auf und sie rannte hinaus zu dem lustigen Clown. „Ich mache auch mit!", rief sie laut und die übrigen Leute starrten sie verständnislos an. Offenbar konnten sich die Leute den plötzlichen Gefühlsausbruch ihrer Beraterin nicht erklären. Glaubten sie doch stets, dass da vor ihnen ein seelenloser Stein saß, der stupide seine Arbeit nach Vorschrift ausführte … und nun wollte ausgerechnet die zum Zirkus … unbegreiflich! Die Leute sangen zusammen mit dem Clown und tanzten durch den Wartesaal. Einige von ihnen benutzten den Nummernautomaten als Musikinstrument und erzeugten mit ihm die hellsten Töne. Und der Clown sprang über die Gänge, und mit ihm zogen plötzlich hunderte von Menschen durch das Haus. Überall sang es und lachte es … so etwas hatten die kalten Mauern dieses ehrwürdigen

Gebäudes wohl noch nie erlebt. Plötzlich schien die ganze Welt ein Zirkus zu sein. Alle fassten sich an den Händen und bildeten eine Polonäse … sie liefen singend und tanzend hinter einander her und waren sich einig … sie wollten zum Zirkus! Sie verließen das Gebäude und zogen singend zu einem großen Platz. Dort standen viele Zirkuszelte. Doch sie waren leer. Der Clown blieb stehen und rief laut: „Ihr braucht nichts zu lernen. Ihr braucht nur lustig zu sein und andere Menschen fröhlich zu machen. Dann habt ihr den Job. Wir können sofort beginnen! Akrobat – schöööön!" Damit zog der Clown ein Megafon aus seinem weiten bunten Mantel und trötete hinein, dass alle Einwohner der Stadt sofort zum Zirkus kommen könnten. Für alle findet eine kostenlose Veranstaltung statt! Und da gingen die Türen und Fenster auf und tausende von Menschen strömten auf die Straßen. So viel Fröhlichkeit, so viel Leichtigkeit hatten die alten Straßen lange nicht mehr erlebt. An der Spitze trötete der Clown und hinter ihm lief die gesamte Schar der Bürger. Es war wie ein Wunder. Und die erste Vorstellung wurde ein Riesenerfolg. Gegen Abend war der Zirkus aus. Der Clown war müde. Und die Leute wollten wieder nach Hause zu ihren Familien. Dennoch erkundigten sie sich, ob sie am nächsten Tage wieder kommen durften. Der Clown nickte und schaute den Leuten lange nach, als sie das große Zelt verließen. Es sah aus, als sei er zum ersten Male ein wenig traurig. Hatte er etwa eine versteckte Träne in seinem viel zu großen Knopfloch? Und ein letztes Mal winkte er ihnen zu und sagte leise: „Akrobat – schöööön!" Am nächsten Morgen kamen alle Leute wieder zum Zirkus. Doch den Clown suchten sie vergebens. Und obwohl sie lange warteten, kam er einfach nicht. Nun wussten die Menschen nicht, was sie tun sollten. Doch sie erinnerten sich an die Worte des Clowns ... wartet nicht so lange ... fangt einfach an! Und die Menschen taten es ... sie fingen einfach an! Sie übten und sie probten, und es entstand ein ganz neues Programm. Als sie es Tage später aufführten, waren sie derart erfolgreich, dass sie viel Geld einnahmen. Damit konnten sie schließlich weiter ziehen. In jeder Stadt wurde die Veranstaltung ein riesiger Erfolg. Und die Menschen waren glücklich. Endlich hatten sie einen Job und konnten etwas tun. Sie wurden wieder gebraucht und gaben etwas für die Menschen. Das erfüllte sie mit großem Stolz. Sie hatten nicht auf ein Wunder gewartet – sie schafften sich selbst eines! Eines Tages, längst war der Zirkus über die Ländergrenzen hinaus bekannt geworden, fiel Kurt eine Tageszeitung in die Hände. Darin wurde an einen berühmten Clown erinnert … ein Clown, der immer und überall „Akrobat -schööön" rief und sang und tanzte. Und Kurt glaubte, in dem bunten Gesicht das Gesicht des Clowns zu sehen, welcher damals im Arbeitsamt erschien und den Menschen wieder Hoffnung gab. Es war das Gesicht des verstorbenen, weltberühmten Clowns Charly Rivel und Kurt schien es, als stünde jemand hinter ihm, der leise sang: „Akrobat – schööön!" …

Clown sein

Sei doch einfach mal ein Clown
Kannst doch lachen über dich
Lache über Geld und Traum
Und sei einfach mal ein Clown
Lachen hält so herrlich frisch

Lass die schweren Zeiten los
Ändre dich und nicht die Welt
Mach dein Leben wieder groß
Leg die Hand nicht in den Schoß
Tu nur das, was dir gefällt

Wenn die Stimmung
auch mal schlecht,
geh hinaus und freue dich
Mach es bloß nicht allen recht
Sei ein Clown, sei einfach echt
Und verwöhn dich königlich

Zieh dich doch nicht so zurück
Denn du bist gar nicht allein
Menschen gibt's so viel am Stück
„Leben" heißt das wahre Glück
Solltest wie ein Clown stets sein

Ganz egal, wies kommen mag,
nehms nicht gar so tonnenschwer
Sei ein Clown, sing in den Tag
Stell nicht manche blöde Frag,
dann wirst du zufrieden sein

Sunny und das Glück

Der geheimnisvolle Ring

Der kleine Sunny aus Hollywood war auf der Suche nach dem großen Glück. Zwar hatte er bereits schon viele glückliche Situationen erlebt, doch der Gedanke, das totale Glück, das vollendete ewige Glücklich-Sein zu entdecken, gab ihm unglaublich viel Kraft. Und so begann er eines Tages einfach mit der Suche.
Es waren Ferien und Mrs. Simms, Sunnys Lehrerin, hatte es sich auf ihrer Terrasse so richtig bequem gemacht. Die Sonne brannte vom azurblauen Himmel und Sunny kam des Weges geschritten, um seiner Lehrerin einen Besuch abzustatten. Als er vor ihrer Terrasse stand, wischte er sich den Schweiß von der Stirn, denn es war schon sehr heiß geworden. Seine Lehrerin hatte ihn wohl noch nicht bemerkt, da entdeckte der kleine Junge etwas sehr Merkwürdiges. Über die marmornen Platten der Terrasse krabbelte etwas, dass ziemlich genau wie ein Skorpion aussah. Sunny erschrak

fürchterlich! Das Tier kroch bereits am Holzgestell von Mrs. Simms Liegestuhl hinauf, da rief Sunny aus voller Kehle: Ein Skorpion ... Vorsicht! Die zu Tode erschrockene Lehrerin sprang aus ihrem Liegestuhl und wäre vermutlich sofort davongerannt, da gab das Holzgestell unter ihr nach und zerbrach. Mitsamt dem Liegestuhl fiel die Lehrerin auf die kühlen Marmorplatten der Terrasse genau auf den todbringenden Skorpion. Der biss zu und Mrs. Simms fiel in Ohnmacht. Sunny war bereits auf die Terrasse gesprungen, wollte seiner Lehrerin helfen, doch die röchelte bereits und alles schien zu Ende. Gnadenlos stach die Sonne vom Himmel und Sunny wollte mit seinem Mobiltelefon den Notarzt rufen, doch aus irgendeinem Grunde funktionierte das nicht. Unterdessen wich aus Mrs. Simms Gesicht die gesunde rosige Farbe und weißer unheilvoller Gesichtsausdruck machte sich breit. Sunny war sich im Klaren, dass er wohl nichts mehr für seine arme Lehrerin tun konnte, da erschien vor ihm das makellose Gesicht einer wunderschönen jungen Frau. Sie hatte dunkle Augen und etwas ganz Sonderbares auf dem Kopf. Es glich einem ziemlich hohen schmuckbesetzten Hut, der in der Mittagssonne glitzerte und funkelte. War es vielleicht sogar eine Krone? Selbst ihr jugendliches Gesicht schien zu funkeln-es war einfach unfassbar. Wie gebannt starrte der kleine Junge zu der fremden Frau und wollte etwas sagen, doch so sehr er sich auch mühte, es gelang ihm nicht. Er konnte sich nicht einmal mehr bewegen und so hockte er neben seiner sterbenden Lehrerin und starrte wie gelähmt in das Angesicht dieser wunderschönen Frau. Die begann auf einmal zu sprechen: „Hier, nehme diesen Ring von mir. Er ist der Ring des Glücks. Du musst ihn an deinen kleinen Finger stecken, dann wird er dir helfen. Aber bedenke, er wird nicht ewig diese Kraft besitzen." Das Gesicht verschwand und an dessen Stelle schwebte wie von Geisterhand getragen ein goldener Ring vor dem staunenden Sunny. In Windeseile und unter Tränen riss er den Ring an sich und steckte ihn an seinen kleinen Finger. Er wusste nicht, ob es bereits zu spät war, ergriff die Hand seiner Lehrerin und drückte sie ganz fest an sein Herz. Beinahe flehend sprach er ein kleines Gebet und wünschte sich, dass seine totgeglaubte Lehrerin wieder ganz gesund würde. Kaum hatte er das geflüstert, da kehrte wieder neues Leben in Mrs. Simms Leib zurück. Sie rekelte sich und wurde schnell wieder rosig wie vor dem Unglück mit dem Skorpion. Sunny, der noch immer ihre Hand ganz fest an sich hielt, weinte vor lauter Glück, und er war so froh, dass es Mrs. Simms wieder besser ging. Noch ein wenig geschwächt schaute sie sich um, und als sie ihren Lieblingsschüler neben sich erblickte, fragte sie ihn, was eigentlich geschehen sei. Sunny konnte noch gar nicht richtig sprechen, noch immer hatte er einen dicken Kloß im Hals. Doch dann erzählte er Mrs. Simms, was geschehen war. Die erschrockene Lehrerin erhob sich rasch und dann suchten die beiden nach dem Skorpion, um ihn einzufangen. Der aber lag tot unter den Trümmern der Gartenliege und zerschmolz ganz plötzlich wie Eis in der Sonne, als Sunny den glitzernden Ring in seine Nähe hielt. „Das ist ja komisch.", sagte er dann. Er konnte es einfach nicht glauben, dass der Ring der unbekannten Fremden, die vermutlich eine Zauberin sein musste, eine solche Kraft besaß. Aber er war auch sehr froh, dass seine Lehrerin wieder so frisch und munter neben ihm stand. Wie traurig wäre er doch geworden, wenn er sie nicht mehr hätte. Mrs. Simms ging es ebenso. Und weil die beiden so glücklich waren, unterhielten sie sich noch eine ganze Weile, so lange, bis der Abend kam. Dann musste Sunny wieder nach Hause, aber es war ja nicht weit, nur ein Katzensprung, denn er wohnte gleich nebenan, auf dem Nachbargrundstück seiner Lehrerin. Als er in seinem Bettchen lag, dachte er noch lange über das Erlebte nach. Wie gut, dass die Zauberin gekommen war und ihm den Ring gegeben hatte. Nicht auszudenken, was für Traurigkeit über ihn und seine Mami gekommen wäre, wenn seine Lehrerin gestorben wäre. Doch wer war diese unbekannte Frau? Und was war das für ein sonderbarer Ring? Neugierig drehte der mutige Junge den funkelnden Goldring in seiner Hand. Merkwürdige Schriftzeichen waren in ihn eingeritzt. Sie sahen sehr fremdartig aus und Sunny konnte sich nicht erklären, was sie bedeuteten. Irgendwann schlief er ein und träumte von mächtigen Pyramiden und reichen Pharaonen, die ein noch mächtigeres Land regierten. Und immer wieder sah er diese merkwürdigen Schriftzeichen, die in den Wänden der Pyramiden und in den Steinen der Gebäude der Bewohner dieses fremden Landes eingeritzt waren. Und er wusste, dass er das Glück wohl schon gefunden hatte – er hatte seiner Lehrerin das Leben gerettet, und das war es, was ihn wirklich richtig glücklich machte. Aber hatte all das wirklich einzig und allein nur mit diesem geheimnisvollen goldenen Ring zu tun?

Am nächsten Morgen wachte er schon ziemlich früh auf. Irgendwie fühlte er sich schlecht und er wusste nicht so recht, ob er überhaupt aufstehen sollte. Ein seltsames Gefühl durchzog ihn und ihm war nicht so ganz klar, ob er krank war oder nicht. Immer wieder dachte er an den vergangenen Tag, als er mit Hilfe eines vermeintlichen Zauberringes seiner Lehrerin das Leben retten konnte. Und dann betrachtete er sich den goldenen Ring an seinem kleinen Finger. Wie schön er doch war, aber wer konnte nur diese merkwürdige Zauberin, diese wunderschöne junge Frau sein, die ihm diesen Ring gegeben hatte? Er wusste es nicht, und vorgestellt hatte sie sich ja auch nicht. Deswegen hievte er sich stöhnend aus seinem Bettchen, um der Sache schnellstens auf den Grund zu gehen. Dazu musste er allerdings erst einmal wissen, wo er überhaupt suchen sollte. Ob ihm Mrs. Simms da weiterhelfen konnte?

Sunny und das Glück

Die Königin Eremtiti

Wie gut, dass der kleine Sunny aus Hollywood seiner Lehrerin das Leben retten konnte. Aber das ging nur mit einem ziemlich sonderbaren Ring, den er von einer fremden Frau, die aussah wie eine ägyptische Königin, geschenkt bekam. Wer aber war diese Frau? War sie wirklich eine Königin? Und was hatte es mit diesem seltsamen Ring des Glücks auf sich? Sunny musste das unbedingt herausfinden, schon allein, weil ihn mal wieder die Neugierde plagte.

Und so lief er schnellstens zu Mrs. Simms, um ihr den Ring zu zeigen. Die staunte, wollte sich auch noch einmal in aller Form bei ihrem Schüler für die Rettung nach dem Biss des Skorpions bedanken. Der jedoch wurde ganz verlegen, wunderte sich, dass sich Mrs. Simms ganz sicher zu sein schien, dass es sich bei dem Ring um einen Schatz aus dem antiken Ägypten handeln musste, der einer bislang unbekannten Königin, namens Eremtiti gehört haben soll. Doch bis zum heutigen Tage konnte die Existenz dieser Königin nicht nachgewiesen werden. Man munkelte nur, dass sie eine verstoßene Schwester eines Pharao gewesen sein sollte. Wegen ihrer angeblichen Zauberkräfte ließ er sie in eine steinerne Grabkammer einsperren, wo sie den Überlieferungen nach gestorben sei. Ihr Geist jedoch sollte immer wieder gesichtet worden sein. Dass aber gerade diese Königin ausgerechnet in Hollywood von einem kleinen kecken Jungen getroffen wurde, schien beinahe wie ein Märchen.

Sunny fragte seiner Lehrerin Löcher in den Bauch, wollte er doch noch viel mehr über diese geheimnisvolle Königin, von der wohl sonst niemand wusste, erfahren. Mrs. Simms zuckte jedoch nur ungläubig mit den Schultern, denn auch sie wusste nichts außer dieser sonderbaren Geschichte. Wieder und wieder drehte Sunny den funkelnden Ring an seiner Hand und dachte sich die verrücktesten Storys aus. Allerdings war er auch traurig, dass er nichts weiter in Erfahrung bringen konnte und so trottete er zwischen den Bäumen der Hollywood Hills umher und setzte sich schließlich ins frische grüne Gras. Wie er den Ring so drehte, begann sich plötzlich auch die Landschaft um ihn herum zu drehen. Immer schneller drehte sie sich und Sunny wurde es schon himmelangst. Doch es war recht komisch, denn obwohl sich alles wie verrückt um ihn drehte, blieb er doch ganz ruhig sitzen. Ihm wurde nicht schwindelig und er fühlte sich auch gar nicht mehr schlecht oder krank. Im Gegenteil – es ging ihm plötzlich so gut wie lange nicht mehr. Als sich alles wieder beruhigte, befand er sich nicht mehr auf der Wiese in den Hollywood Hills sondern auf einem Stein in einer unübersehbar weiten öden Landschaft. Es war heiß, glühend heiß sogar und der goldene Ring drückte schmerzhaft an seinem Finger. Fieberhaft überlegte er - wie war er nur hierhergekommen? Hatte vielleicht dieser Ring ... und wo befand er sich überhaupt? Ein heißer Wind kam auf und fegte den gelblichen Staub in Höhe.

Es war eine wirklich gespenstische Szenerie und Sunny bekam einen Mordsdurst. Plötzlich stand eine wunderschöne junge Frau vor ihm. Er erkannte sie sofort ... dieses Gesicht ... es war die fremde Frau, die ihm den Ring geschenkt hatte. Sie blickte zu Sunny und schien ihm irgendetwas sagen zu wollen. Sunny hingegen hielt nichts mehr, er musste sie einfach ansprechen. „Wo bin ich?" rief er laut. Die fremde Frau hob ihren Schleier vors Gesicht und sah damit noch geheimnisvoller aus als ohne ihn. Dann hielt sie ihre Hände vor Sunnys staunende Augen und augenblicklich sprudelte dort frisches kühles Wasser wie in einen Brunnen hinein. Sunny nahm einen gehörigen Schluck und fühlte sich wieder munter. Die Fremde aber begann zu sprechen und ihre Stimme hörte sich endlos traurig, ja sogar ängstlich an: „Ach du fremder Junge! Du bist in der Wüste, nicht weit von Ägypten entfernt. Ich bin die Königin Eremtiti, und ich bin verflucht. Ich muss in einem steinernen Gelass leben, welches tief unter der Wüste ist. Und niemand kann mich je befreien.

Ich habe nur den einen Ring, der einst meiner Mutter gehörte. In ihm sind ihre Tränen eingeschlossen, die sie um mich weinte, und deswegen ist er auch der Ring des Glücks." Sunny konnte es einfach nicht glauben, aber es schien doch irgendwie wahr zu sein, schließlich hatte der Ring seiner Lehrerin das Leben gerettet. Außerdem glich die Landschaft rund um ihn der Wüstenlandschaft aus seinen Träumen, in welchen er glaubte, in Ägypten zu sein. Aber wie nur konnte das möglich sein? Die vermeintliche Königin schien seine Frage zu verstehen, flüsterte schließlich traurig: „Ja, es war der Ring, der dich hierher gebracht hat. Und nun wirst du ebenfalls hier gefangen sein. Wenn du keinen Weg findest, werden wir beide in dem steinernen Verlies unter der Wüste verloren sein. Wenn es Mitternacht ist, müssen wir dorthin und dann ist alles aus!" Sunny konnte auch das nicht glauben – sollte er allen Ernstes in einem Käfig unter der sengend heißen Wüste verenden? Das durfte niemals geschehen! Er war den Tränen nahe und er wusste sich auch keinen Rat.

Aber dann hatte er doch eine Idee ... die Silberwolke seines Papas musste her! Ob sie Eremtiti und letztlich auch ihn retten konnte? Er musste es versuchen! Doch bis dahin konnten sie nur die Dämmerung abwarten, denn die Silberwolke würde wohl nicht am Tage hier erscheinen. Bis dahin wollte er der Königin von seinem Plan erzählen, und Eremtiti hörte gespannt zu. Sie schöpfte wohl wieder neuen Lebensmut, jedenfalls lächelte sie ein ganz klein wenig. Und als die Sonne hinter den dunklen Silhouetten der Sanddünen verschwand, warteten die beiden auf die glitzernden Sterne am Himmelszelt. Sunny rief leise nach seinem Papa und da ... ganz vorsichtig und absolut lautlos schob sich eine silberne Wolke zwischen Mond und Sternen hervor. Das musste der Papa mit der Silberwolke sein, und so war es dann auch – ganz langsam driftete die Silberwolke vom Himmel auf die Erde und landete schließlich sanft auf dem noch immer warmen Wüstensand. Natürlich fielen sich Sunny und sein Papa überglücklich in die Arme. Und als Sunny erzählt hatte, was für

Schwierigkeiten Eremtiti hatte, schien der Papa zu wissen, was zu tun war. „Wir müssen den Zauber beenden. Dann wird alles gut! Aber wir müssen bis Mitternacht fertig werden.", zischte er, beorderte alle in die silberne Wolke, und Eremtiti staunte, wie leicht und schnell die Silberwolke über die nachtschwarze Landschaft glitt. So etwas hatte sie wirklich noch nie erlebt. Immer schneller jagte die Silberwolke über der dunklen Wüstenei einher und auf einmal wurde sie wieder langsamer. „Hier lebt der böse Zauberer Kra!", flüsterte der Papa dann, „Wir müssen sofort zu ihm, um ihm den zweiten Ring zu stehlen. Denn dieser zweite Ring ist das Gegenstück zu dem Ring, den Sunny von Eremtiti geschenkt bekam. Er birgt den bösen Zauber in sich, und nur, wenn er an den Finger des ersten Ringes gesteckt wird, hebt sich dieser Zauber auf." Eremtiti war vollkommen durcheinander. Bis zu dieser Nacht hatte sie nichts von einem solchen zweiten Ring gewusst und auch nicht davon, dass in diesem Ring der böse Zauber eingeschlossen sein sollte. Sie weinte bitterlich und Sunny wusste nicht, wie er sie trösten sollte. Aber das war schon egal, denn unter der silbernen Wolke erhob sich ein riesiger Turm. Er schien bis zum Himmel zu reichen und er sah irgendwie furchteinflößend aus. „Das ist der Turm des Zauberers Kra, und irgendwo dort liegt auch der Ring. Er besteht aus Silber und ist faktisch das Gegenstück des ersten Ringes." Lautlos glitt die Silberwolke bis an eines der wenigen Turmfenster heran. Dann bedeutete der Papa, dass er und Sunny in den Turm gehen würden; Eremtiti sollte so lange in der Wolke warten. Kurz darauf kletterten die beiden auch schon in den Turm. Dort war es noch dunkler als draußen. Es war bitterkalt und nirgends brannte ein Licht oder wenigstens eine Kerze, nichts. Dafür hatte Sunny seine kleine Taschenlampe dabei. Schnell knipste er sie an und dann liefen die beiden los. Es roch muffig und alt und die beiden Eindringlinge mussten eine endlos scheinende Wendeltreppe nach oben laufen, um eines der Zimmer zu erreichen. Allerdings gab es nur einen einzigen Raum, und der befand sich ganz oben in der Spitze des Zauberturmes. Sunny japste schon tüchtig und der Papa meinte, dass sein Sohn doch mal wieder mehr Sport treiben müsste, statt immerzu Süßigkeiten zu verputzen, dann würde ihm auch eine solche Klettertour nichts mehr ausmachen. Sunny lenkte sofort ab und erkundigte sich, wo der Ring nun liege. Der Papa schloss seine Augen und es schien, als wenn er mit einer anderen Macht, einem anderen Universum in Kontakt treten wollte. Dann sagte er: „Der Ring liegt auf irgendetwas Steinernem! Es muss gleich vor uns sein! Aber der böse Zauberer ist auch schon auf dem Weg hierher. Er scheint zu ahnen, dass irgendwer den Ring stehlen will. Wir müssen jetzt ganz schnell sein!" Die beiden eilten durch den großen Raum und suchten in beinahe jeder Ecke. Doch den Ring fanden sie nicht. Enttäuscht wollte Sunny schon aufgeben, da erblickte er den Ring! Er lag genau vor ihm zwischen den Steinen der Wand! Schnell nahm er den Ring an sich und die beiden wollten schon die Treppen zurücklaufen … aber da erschien der böse Zauberer Kra! Wutschnaubend stand er in der Tür und sah einfach gruselig aus. Seine drei feuerspeienden Köpfe gaben ganz fürchterliche Geräusche von sich und Sunny war sich nicht mehr so ganz sicher, ob er es lebendig bis zur Silberwolke schaffen würde. Allerdings hatte sie der böse Kra noch nicht entdeckt. Flugs hatten sich die beiden hinter der Tür versteckt und hielten den Atem an. Kra suchte das ganze Zimmer ab und seine glühenden Augen erhellten den Raum ganz fürchterlich. Das war die Gelegenheit – so schnell sie konnten, schlichen die beiden Eindringlinge zur Tür hinaus und rannten die steinernen Stufen hinab. Während sie in die Silberwolke kletterten, hatte auch Kra bemerkt, dass er bestohlen wurde. Wie von der Tarantel gestochen raste er die Stufen hinunter! Als er die Silberwolke erblickte spuckte er sofort grelle Flammen und glühend heißes Feuer! Beinahe hätten sie den kleinen Sunny erwischt, doch der fiel gerade noch rechtzeitig in die Silberwolke, die sofort auf und davon brauste! Der tobende Unhold wollte ihnen hinterherfliegen, doch die silberne Wolke nahm den Weg durchs Universum, und dorthin konnte ihnen Kra nicht mehr folgen. Er blieb zurück und musste ansehen, wie sein Turm krachend in sich zusammenfiel. Ohne den Ring besaß er keine Zauberkraft mehr und musste sterben. Schnell steckte sich Sunny den Ring an den Finger, an welchem sich schon der erste Ring befand, doch es geschah nichts. Sunny dachte nicht lange nach, zog die Ringe von seinem Finger und steckte sie stattdessen Eremtiti an. Plötzlich glühten beide Ringe grell auf, fielen wie Fesseln von ihrem Finger und zerbröselten sodann zu gelblich feinem Wüstensand. Der Papa jubelte, meinte, dass der Zauber endlich gebrochen sei. Eremtiti musste nicht mehr in das gruselige schlimme Wüstenverlies und wollte stattdessen mit den beiden nach Hollywood fliegen. Die waren einverstanden und Sunny war glücklich, denn er mochte die junge Königin wirklich sehr. Und es war wirklich ganz seltsam, aber der kleine aufgeweckte Junge wusste auf einmal, wo das Glück, das er so sehnlichst gesucht hatte, zu finden war. Es lag ganz nahe bei ihm, es war immer da und es schien nie anders gewesen zu sein. Denn das, was ihn wirklich glücklich machte war, dass er anderen Menschen, die in Not gerieten, helfen konnte. Natürlich war das Glück für ihn auch seine Mami, die er wirklich sehr lieb hatte, und seine Lehrerin Mrs. Simms, die einfach mit dazugehörte. Ja, und auch sein Papa, der mit seiner Silberwolke immer da war, wenn er ihn brauchte, der gehörte auch dazu! Und als eben diese Silberwolke langsam am Nachthimmel über den Hollywood Hills driftete, wischte sich der kleine Junge die Müdigkeit aus den Augen. Er wollte sofort in sein gemütliches, weiches Bettchen und von all den vielen unglaublichen Abenteuern träumen, die er in den letzten Tagen erlebt hatte. Und die junge Königin, die jetzt keine Königin mehr sein wollte, schien ebenfalls sehr glücklich zu sein. Denn sie hatte endlich jemanden gefunden, jemanden, den sie sehr mochte, jemanden, mit dem sie schließlich sogar in die Schule ging. Fortan lebte sie als

Untermieterin bei Mrs. Simms, gleich neben dem kleinen Sunny, und immer wieder zogen die beiden los, um die schönsten und spannendsten Abenteuer zu erleben, die man sich nur vorzustellen vermochte. Ja, Sunny hatte nun endlich das Glück gefunden und Eremtiti ebenfalls. Und dieses Glück hatte einen Namen – einen wundervollen märchenhaften Namen, der mit den verrücktesten und geheimnisvollsten Dingen verbunden war, die es auf Erden nur geben konnte: Hollywood!

Besuch daheim

Wenn der Oktober geht,
dann hab ich Sehnsucht
Sehnsucht nach der Heimat,
die viel zu weit entfernt vom Jetzt,
und fern von allem Treiben liegt
Dann geh ich durch die Straßen
dieser fremden Stadt,
die ich so lange nicht gesehen hab
Und die Menschen schauen mich an;
wer ist der Mann?
Und ich schau in die zahllosen
Gesichter; wer ist der Mann?
Jede Straße scheint mir so vertraut
Mir scheint, ich war nie fort
Ich wünscht es manchmal so
Und muss doch wieder gehn
Der kühle Herbstwind zieht
durch meine Seele
Plötzlich seh ich ein Kind in einer
Seitenstraße; es lacht mich an
Auch ich hab hier gelacht, gespielt,
geweint … damals
In der Dämmerung gehe ich die alten
Wege; ich kenn sie noch
Vor der alten Schule wieder diese
merkwürdige Angst, wie damals
Ein kleines, wackliges Gebäude jetzt

Ich schau mich um, suche nach
vertrauten Gesichtern
Da sind so viele Jahre zwischen uns
Du jetzt so kleine Welt,
die ich so liebte ... hasste ... brauchte
Ich war doch glücklich
einst in deinen Armen
Erinnerungen sind ganz nah
Der kindlich schöne Weihnachtsglanz
Und Mutter versteckte die Geschenke
Wir hatten noch echte Kerzen
am Baum
Noch heute hab ich meinen
Weihnachtsbaum so lieb
Träum oft von ihm und wünscht,
er wär bei mir
Und wünscht, er sollt mir helfen durch
all die schwere Zeit
Ach meine Heimatstadt,
vertraute Kirche
Dort sangen wir die Weihnachtslieder
so unbeschwert
Und jenen längst vergangenen Tag,
ich spür ihn noch, er ist so nah
Alles ist so nah, hier in meiner Stadt
Und ich bin doch so fremd
Ich schließe den Kragen
von meinem Hemd

Und auch vom Mantel,
der mich wärmt
Trotzdem ist mir kalt
In meiner Stadt;
ich bin hier fremd, jetzt
Und muss nun fort
Ade – du Zauberwald,
du märchenhafter Ort
Geschichtsbuch meiner Seele
Ein heißer Tee für meine
rau geweinte Kehle
an jener Bude, dort im Park
Die Dämmerung verklärt den Blick,
verklärt die alte Stadt
Könnt ich hier noch mal sein?
Für ein paar Stunden
war ich wieder klein!
Ein leiser Regen fällt – und Schnee
Ob ich dich wohl nochmal
wieder seh?
Du, meine kleine Heimatstadt?
Mein Auto braust davon,
in eine andre Welt!
Die Kindheit, sie entschwindet!
Und alle Freuden, Ängste von damals
zerfließen in der schwarzen Nacht
Und schnell verschwinden die wenigen Lichtpunkte im Nirgendwo

Bald bin ich weit entfernt
von jener Stadt,
die niemand kennt,
und niemand findet
Zurück bleiben die Träume
Zurück bleibt meine Stadt,
wo keiner etwas von mir weiß
Mir bleibt nur eine kleine Ausfahrt
an der Autobahn

(In Erinnerung an meine Heimatstadt)

Ein Wiedersehen

Es war ja nur ein bisschen Ruhe, was sie sich am Abend ihres langen Lebens noch wünschte. Oma Paulsen lebte in einem idyllisch gelegenen Pflegeheim am Rande einer großen Stadt. Irgendwie und gerade in den letzten Tagen spürte sie einen Hauch von Abschied tief in sich. Sie konnte es niemandem beschreiben und sie hatte auch keinen, dem sie es hätte sagen können. Wenn sie in ihrem Bett lag, schaute sie oft durch das geöffnete Fenster hinauf in den Himmel. Die Sterne schienen ihr so nah, viel zu nah. Eigentlich wollte sie noch gar nicht dorthin. Doch sie fürchtete sich nicht. Manchmal hörte sie den Mond, wie er zu ihr sprach: „Komm, komm zu mir. Brauchst jetzt endlich Ruh. Ich warte auf Dich." Dann schloss sie ganz schnell ihre Augen und schlief ein. Das tägliche Einerlei ließ sie schon lange kalt. Sie kannte es ja immerhin lange genug. Und wer sollte sie jetzt noch bekehren? Immer musste sie sich durchkämpfen.

Geschenkt wurde ihr nie etwas. Da hieß es nur: Durchhalten! Und immer, wenn die Krankenschwester nach ihrem Befinden fragte, zog sie ein saures Gesicht und meinte dann zickig: „Na, wie soll es mir schon gehen! Ich leb ja noch! Holen Sie mir lieber eine Tasse Tee." Dann lief sie mit ihrem Stock, so schnell sie noch konnte, hinaus in den Park. Auf der alten Bank unter den Linden, wo sie keiner fand, träumte sie vor sich hin und erinnerte sich an die alten, längst vergangenen Zeiten und an ein Lied, das ihr immer wieder in den Ohren klang:

Ach liebe Oma Paulsen
Du denkst so oft ans Glück
Du warst so jung an Jahren
Und warst einst so verrückt

Ach liebe Oma Paulsen
Der Wind streicht durch Dein Haar
Jetzt träumst Du untern Linden
Von dem, was damals war …

Ein bisschen wehmütig schaute sie hinüber zu dem kleinen Teich im Schilf. So gern würde sie noch einmal in das kühle Nass springen, so richtig kraftvoll und mutig. Nein, ängstlich war sie damals nie. Doch das Alter hatte wohl die Knochen weich gemacht, aber nur ein ganz klein wenig. Die alte Bank war niemals schmutzig. So oft, wie sie auf ihr gesessen hatte, blieb nahezu kein Stäubchen auf ihr haften. Nur die weiße Farbe blätterte so langsam von ihr ab. An diesem Tage regnete es, und es wollte einfach nicht mehr aufhören. Eigentlich wollte die Schwester nicht, dass Oma Paulsen bei diesem Wetter nach draußen ging. Schließlich blinzelte aber doch noch die Sonne durch die Wolken. Und die sonst so mürrische Schwester ließ sich umstimmen. Draußen war es kühl und über dem Gelände lag ein würzig frischer Geruch von feuchtem Laub. Oma Paulsen liebte das sehr und atmete tief ein. In jeder Ecke des Parks hatte sich der Herbst niedergelassen. Doch irgendwie schien es viel stiller als sonst zu sein. Kein Vogelgezwitscher, kein Rascheln, nichts. Nur unzählige Regenwürmer sielten sich in den Pfützen der morastigen Wege. Plötzlich fühlte sie sich wieder jung und unendlich stark. Vielleicht lag das ja an der frischen Luft und an dem würzigen Aroma, welches unablässig in ihrer Nase kitzelte. Die alte Bank unter den mächtigen Linden war trocken geblieben. Im Wasser des kleinen Teiches spiegelte sich die Sonne geheimnisvoll und mystisch wider. Was für ein wunderbares Schauspiel der Natur. Von der Sonne geblendet hielt sie sich die Hand vors Gesicht und nahm genüsslich auf der Bank Platz. „Ach, wie herrlich!", seufzte sie leis. Als sie ihren Stock an die Bank lehnte, fiel ihr ein Briefumschlag auf, der zwischen den morschen Latten der Lehne klemmte. Erstaunt zog sie den Umschlag hervor. „Wie kommt der denn hierher? Hat den jemand vergessen?", wunderte sie sich. Der Umschlag war total durchnässt und der Regen hatte die Buchstaben bereits verwischt.

Nervös holte sie ihre starke Hornbrille aus der Manteltasche hervor. Dann versuchte sie, die Schrift auf dem Umschlag zu entziffern: „An Oma Paulsen" stand da fast schon unleserlich geschrieben. „Das gibt's doch gar nicht!", rief sie erstaunt. Neugierig riss sie den Umschlag auf und zog den sorgfältig gefalteten Bogen heraus. Dann las sie die handgeschriebenen Zeilen: „Hochgeschätzte Frau Paulsen. Ich habe Sie schon ein paar Tage hier im Park beobachtet und festgestellt, dass ich Sie kenne." Verunsichert schaute sie sich um. Wer konnte das gewesen sein? Sie konnte aber niemanden entdecken und las weiter. „Übrigens kennen Sie mich auch. Erinnern Sie sich noch ... damals in Berlin, gleich nach dem Krieg? Sie haben mich aufgelesen und gepflegt. Ich war damals noch ein kleiner Junge und ich hatte keine Eltern mehr. Vielleicht fällt es Ihnen wieder ein? Mein Name ist Adrian aus Glogau. Also dann schöne Stunden noch ..." Mit zittrigen Händen faltete sie den Brief zusammen und wischte sich die Tränen aus den Augen. Ja, natürlich erinnerte sie sich noch. Adrian, der kleine Junge, der immer groß sein wollte und auch immer zu Scherzen aufgelegt war. Auf einmal war er mit Sack und Pack verschwunden, ohne zu sagen, wohin er wollte. Sie kam damals nicht darüber hinweg. Und auch jetzt, nachdem sie diese Zeilen gelesen hatte, schien ihr plötzlich das Herz zu zerbrechen. Allein der Gedanke an Adrian, an die Nachkriegszeit. Wie haben sie damals gekämpft um ein kleines Stückchen Brot. Stein auf Stein haben sie gesetzt, die Trümmer des Krieges weggeräumt ... die Männer waren im Krieg geblieben! Noch einmal schaute sich um. Irgendwo musste er doch stecken. Sicher beobachtete er sie, sie fühlte es genau. „Adrian!", rief sie laut, „Kommen Sie doch hervor, ich weiß, dass Sie hier sind!" Aber es blieb ruhig. Nur eine riesige Regenwolke hatte sich vor die Sonne geschoben. Es wurde immer dunkler und die ersten Tropfen rieselten zur Erde. Jetzt wurde ihr die Sache zu dumm. Außerdem fror sie ein wenig. Stöhnend erhob sie sich und begab sich langsamen Schrittes zurück zum Haus. Plötzlich tippte ihr jemand auf die Schulter. Sie erschrak, doch hatte sie irgendwie darauf gewartet. Lächelnd drehte sie sich um. „Adrian ... Sie?" „Nein Du", sagte der ältere Herr hinter ihr. Mit seinem schlohweißen

Haar auf dem Kopf nickte er wie ein kleiner Junge und drückte sie fest an sich. Sie hatte ihn sofort erkannt, als hätte es die vielen Jahre dazwischen nie gegeben. Die beiden begaben sich zurück zur Bank. Adrian spannte seinen großen schwarzen Stockschirm auf und die beiden unterhielten sich darunter, bis es dämmerte. Kalt wurde es, doch das störte die beiden nicht.
„Gefällt es Dir wirklich hier im Heim?", fragte Adrian mit leiser Stimme. „Lass uns einfach abhauen. Komm mit zu mir in mein kleines Haus am Waldesrand. Wir eröffnen ein Detektivbüro und beobachten die Leute … heimlich, ohne dass die etwas merken!"
Oma Paulsen warf Adrian einen misstrauischen Blick zu. Hatte er das wirklich ernst gemeint? Ein Detektivbüro … in unserem Alter … verrückt … na ja, so war er ja schon immer … Sie wollte ausweichen, wollte irgendeine lächerliche Entschuldigung von sich geben. Aber als sie an das tägliche Einerlei, die ewig fürsorgliche, nicht sehr höfliche Schwester und die triste Einsamkeit dachte, willigte sie ein.
„Wann soll´s denn losgehen?", erkun-

digte sie sich grinsend. Adrian hob den Kopf und meinte dann vielsagend: „Na sofort! Komm!" Die beiden erhoben sich und versteckten sich zunächst hinter einer dichten Hecke. Aus der Ferne ertönte bereits die nervige Stimme der besorgten Schwester. Doch sie konnte Oma Paulsen nicht finden. Die lag vergnügt in Adrians Armen und freute sich diebisch, der Schwester eins ausgewischt zu haben. Dann begaben sich die beiden Flüchtlinge auf Umwegen zum Parkplatz, wo Adrians altes Auto stand. Sie stiegen ein und brausten davon. Unterwegs lachten sie aus voller Kehle und Oma Paulsen war so glücklich wie schon seit Jahren nicht mehr. „Aufregend, wirklich sehr aufregend!", stieß sie hervor und trällerte dabei vergnügt einen Schlager aus ihrer Jugendzeit. Die beiden kehrten niemals mehr zurück und nur der Mond und die vielen funkelnden Sterne wussten, ob sie jemals angekommen waren …

Garten der Träume

Kennst du jenen Garten der Träume?
Er liegt hinterm Herzen gleich links
Dort wachsen die frischesten Bäume
Und was man auch will, dort gelingts!

Dort blühen die rotesten Rosen,
und Flieder, so üppig und weiß,
und Wiesen bepflastert mit Moosen
Nie gibt es dort Winter mit Eis

Dort ist ewig Frühling und Ruhe
Es fällt auch mal Regen ganz sacht
Zieh aus deine Strümpfe und Schuhe
und tanz durch die herrliche Pracht

Es ist auch der Garten des Lebens
Wo Käfer und Vögel sich freun
Kein Tag und kein Jahr sind vergebens
Die Zeit dort wirst du nie bereun

Komm mit in den Garten der Träume
Er wartet auf dich und auf mich
Entdecke die friedlichsten Räume
Du findest zu dir sicherlich

Depressionen

Wenn die Angst dich umgibt, dann solltest du nicht aufgeben. Du hast sie gelebt, all die vielen Jahre und kanntest das auch schon. Doch dass es derart schlimm würde, das hast du nicht geahnt. Andere sind fröhlich und guter Dinge und können mit ihren Familien alles erleben, was Spaß macht. Urlaub, Spaß und Frohsinn, andere haben das, und du?
Jetzt scheint die Zeit still zu stehen und du kannst nicht mehr weiter machen. Du kommst auch nicht mehr weiter, weil dieses merkwürdige bösartige Gefühl droht, dich zu verschlingen. Es scheint keine Rettung mehr zu geben und es scheint nie wieder schön zu werden. Du bist am Ende und willst es dir nicht eingestehen, keine Sekunde. Und auf einmal stellen sich Gedanken ein, die du bisher stets erfolgreich verdrängtest. Du siehst die Klinik, die Klapse und willst da nicht hin. Du sträubst dich davor, weißt aber, dass es doch so ist. Und du stemmst dich dagegen, mit ganzer Kraft und mit

allem, was du bist. Doch dann – ein Misserfolg – es gelingt dir nicht. Und du fällst zurück, zurück in eine ferne, ungeliebte Steinzeit. Du fällst zurück und glaubst, dein Leben stürzt in sich zusammen. Haltlos ruderst du nach allen Seiten, suchst nach Erklärungen vor den anderen Menschen, die das nicht verstehen. Und du schwitzt vor Angst und auch vor Sorge. Dunkle Schatten wabern wie düstere Nebel durch deine fiebernde Seele. Wie soll ich mein Leben denn noch schaffen, wenn ich nichts mehr schaffe? Diese Frage beherrscht fortan dein Sein. Es ist verrückt, aber alle Träume, alles, was du je erdacht und was du wolltest, ist ganz weit von dir entfernt. Dinge, die einst so normal gewesen, erscheinen plötzlich schwierig und einfach nicht zu schaffen. Du traust dir nichts mehr zu und träumst von Tod und von Verderben. Das Ende scheint greifbar nahe und du siehst dich bereits unterm Grabstein vermodern. Aber du kannst nicht loslassen, nicht loslassen von dem, was dich belastet. Du willst es nicht und musst es tun. Jeder Handgriff wird zur Qual und treibt dir die Hitze und die Röte ins Gesicht. Es strengt zu sehr an, du fühlst es ganz genau. Aber zugeben, nein, das willst du nicht. Und deine Ängste werden stärker und keiner ist da, mit dem du reden kannst. Die Isolation ist wie ein Käfig, der deine Seele in Fesseln in einem dunklen Verlies gefangen hält. Du kannst dich nicht mehr freuen, nur noch weinen, zu jeder noch so kurzen oder langen Stunde. Jene Fesseln drücken stark und sind derart fest an deinem Leibe, dass du sie nicht mehr abbekommst. Du leidest jeden Tag und auch jede Nacht und suchst nach Auswegen aus diesem Käfig. Du findest den Alkohol. Er gaukelt dir Freundschaft vor, kündet dir von baldiger Rettung uns der viel zu dunklen Hölle. Und du willst nur zu gern an all das glauben. Du nimmst ihn an und lebst mit ihm, tagein tagaus und fühlst dich besser, noch. Du findest Freunde, die dir sagen, dass sie dich mögen und sie trinken alle mit. Sie sind wohl alle schon verloren und haben diesen einen treuen Freund, der immer zu ihnen hält und immer bei ihnen ist, am Tag und in der Nacht. Dessen wohl-

klingende Stimme hält dich am Leben und hält dich wach, das Leben zu genießen. Aber dann, irgendwann, an einem Tag, an dem du niemals wärest aufgestanden, da verlässt er dich. Er lässt dich einfach sitzen, weil er keine Lust mehr auf dich hat. Und er weiß, dass du nicht ohne ihn mehr kannst. Er weiß das so gut und sicher, dass er einfach geht und grinst dabei. Sein Lachen hörst du am Tag und in den Nacht und willst nur noch, dass er zurückkommt und dann auch bleibt.
Und du trinkst und trinkst und stirbst und stirbst!
Zitternd und frierend liegst du auf dem Boden herum, vom Alkohol schon lang vergessen und am Ende aller Zeiten. Keiner ist mehr da, der dir helfen könnte. Doch da ist noch jemand – deine Mutter vielleicht, Gott? Er stellt dich vor die Fragen: So wie bisher? Anders als sonst? Und nun ist es an dir, den neuen Weg zu begehen und das Alte hinter dir zurück zu lassen. Hör auf dein Herz und hör auf deine Seele, nicht auf den Teufel, der dir rät: Ach bleib doch noch ein wenig! Geh voran und fürchte dich nicht. Denn Gott

wird dich begleiten, wenn du hart bist zu dir selbst und Verzicht zeigst, wenn du Disziplin zu dir selbst beweist und ein sündenfreies Leben lebst. Lerne an dir selbst und sei gewiss, dass du jemanden an deiner Seite haben wirst, wenn du es nur willst. Der Weg ist hart und steinig und es wird auch kein Spaziergang sein, Doch am Ende des Weges wirst du reich belohnt-mit deinem neuen Leben. Du wirst sie sehen, all die neuen Dinge, deine neuen Gefühle wirst du spüren und den Duft der Welt und jenes neuen Lebens wirst du schmecken. Aber du entscheidest, ob es so kommt. Und hab keine Angst vor Fehlern oder vor Rückschlägen, die da kommen. Es ist eben so und es ist gut so, wie es ist. Denn dein sind das Leben, die Kraft und du selbst. Und die Ängste werden dich nicht töten, sie werden da sein, aber nicht mehr, um dich zu beherrschen. Sie werden mit dir leben, aber nur so weit, wie du es ertragen kannst. Es ist nicht leicht, aber es wartet etwas Wunderbares unschätzbar Wertvolles auf dich:

Der Glaube an dich selbst!

Am Meer

Denkst an Liebe, Tod und Glück
Du bist alt und nicht mehr jung
Denkst an manches Missgeschick
Hart war´s auch, jenseits vom Glück
Deine Zeit ging schnell herum

Schaust hinaus aufs weite Meer
Spürst den Wind im Angesicht
Manchmal lief es ziemlich schwer
Manche Tage schienen leer
Doch sie waren voller Licht

Denkst an deine Eltern oft
Die hast du tief drin im Herz
Ach, so manche Träne tropft
auf die Stell, wo´s Herze klopft
Irgendwann im Monat März

Und das Meer rauscht vor sich hin
Das hast du so sehr geliebt
Ging dein Leben auch dahin,
gab das Meer dir immer Sinn
Dort wo deine Hoffnung zieht

Möwen fliegen um dich rum
Fliegen fort in alle Welt
Schaust zu ihnen froh und stumm
Du bist alt jetzt, nicht mehr jung
Und du weißt, was wirklich zählt

Ändern wird sich alles mal,
wie dein Leben, das schon lang
Frohmut gab es allemal
Trauer auch, so manche Qual
Oftmals war´s dir ziemlich bang

Jetzt schaust du aufs Meer hinaus
Und der Tag ist hell und klar
Siehst auch gar nicht übel aus
Brauchst nicht Reichtum
und kein Haus
Rufst ganz laut:

Ich bin noch da!

Ab und zu …

Ab und zu auf einer Bank,
dort am See, sitz ich allein
Nicht gesund und auch nicht krank
Ab und zu auf einer Bank
Mit mir selbst alleine sein

Denke so an dies und das
Und mein Blick schweift übern See
Denk an Trauer, Frohsinn, Spaß
Denk an dies und auch an das
Sitz sogar, wenn fällt der Schnee

Irgendwie wird's weiter gehn
Irgendwann und irgendwo
Leben ist mal schlecht, mal schön
Doch es wird stets weiter gehn
Und ich lächle einfach so

Ab und an auf meiner Bank
Mit mir selbst und doch allein
Denk an das, was ich doch fand
Ab und zu auf jener Bank
Einfach mal zufrieden sein